Libro de Cocina Cetogénica Vegetariana Sencilla

2 libros en 1:

La Colección Definitiva de Recetas Cetogénicas Fáciles y Rápidas

TANIA TORRES GOMEZ

Libro de cocina vegetariana ceto para principiantes

ÍNDICE DE CONTENIDOS

El libro fácil de cocina Vegetariana Ceto

ÍNDICE DE CONTENIDOS

Libro de cocina vegetariana ceto

para principiantes

Recetas vegetarianas sanas, bajas en carbohidratos y ricas en grasas, para personas inteligentes que siguen la dieta ceto

TANIA TORRES GOMEZ

INTRODUCCIÓN

Te preocupa tener suficiente energía para pasar el día? ¿Siente que su cuerpo y su mente están flojos? ¿Aumento de peso a pesar de una dieta saludable? Estos son sólo algunos de los signos de una dieta desequilibrada. Si se encuentra con alguno de estos u otros problemas, ¡un libro de cocina cetogénica vegetariana puede ser para usted! Una dieta cetogénica (keto) requiere que el cuerpo pase por un proceso natural de descomposición de las grasas para obtener energía en lugar de los carbohidratos. Con recetas que consisten principalmente en verduras, frutos secos, semillas y frutas, esta forma de comer puede ser apetecible y saludable. Consulte este libro de cocina ceto vegetariana para conocer una nueva forma de alimentarse a diario.

Una dieta vegetariana es aquella en la que la mayoría de los alimentos provienen de plantas o algas.

Los veganos esperan promover la concienciación sobre los derechos de los animales y proteger el equilibrio natural minimizando el consumo de carne en su dieta. Aunque no es necesario, muchos veganos también optan por no utilizar otros subproductos animales como la miel o los lácteos. El estilo de vida vegetariano ha ganado cada vez más popularidad a lo largo de los años y ahora se considera a menudo un complemento beneficioso para una dieta ceto. Muchos seguidores de esta forma de comer encuentran que les ayuda a mantener un peso saludable, les permite hacer ejercicio con más facilidad y aumenta el nivel de energía general.

A este respecto, cabe señalar que la dieta cetogénica se desarrolló por primera vez en la década de 1920 como terapia para la epilepsia y ahora se utiliza ampliamente como método de pérdida de peso. La dieta cetogénica ha sido adoptada por otros países e incorporada a sus planes nacionales. En general, se considera una de las dietas bajas en carbohidratos más eficaces, ya que ayuda a perder peso sin sentir hambre. Esto ha llevado a la creación de nuevas modas dietéticas, como la dieta cetogénica.

Los libros de cocina ceto vegetariana son una de las mejores maneras de ayudar a tus objetivos de dieta vegetariana. La mayoría de las dietas que incluyen un estilo de vida basado en plantas también son bajas en carbohidratos y altas en grasas. El propósito y el objetivo de esta forma de comer es evitar el consumo de carbohidratos una vez que el cuerpo entra en cetosis, reduciendo así los antojos de carbohidratos y azúcar en el cuerpo. Esto permite que el cuerpo se acostumbre a quemar grasas para obtener energía en lugar de glucosa o carbohidratos, lo que llevaría a un estado continuo de sobrealimentación y aumento de peso. Un enfoque vegetariano de la dieta cetogénica, cuando se combina, puede ser una estrategia eficaz para reducir la cantidad de calorías que se consumen.

Si ha estado pensando en añadir un régimen de alimentación más saludable a su rutina diaria, ¡este podría ser el momento perfecto! Como probablemente sepa, las dietas basadas en vegetales se consideran desde hace tiempo una de las mejores formas de mejorar la salud y el bienestar. En varios estudios se ha demostrado que las dietas basadas en plantas son ventajosas no sólo para la salud humana, sino también para el medio ambiente. Según algunas investigaciones, los alimentos de origen vegetal podrían reducir sustancialmente la huella de carbono y las tasas de deforestación en todo el mundo. Las grasas animales, en cambio, se han relacionado con diversos problemas de salud, como las enfermedades cardíacas y la diabetes.

RECETAS PARA EL DESAYUNO

1. Tortitas veganas bajas en carbohidratos

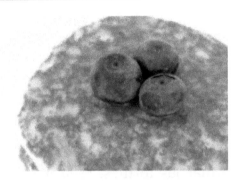

Tiempo de preparación: 5 minutos

Tiempo de cocción: 10 minutos

Porción: 1 tanda de tortitas

Ingredientes

- 1/2 cucharadita de polvo de hornear
- 1 cucharada de harina de coco
- 1 cucharada de lino molido
- 1/4 de taza de leche de almendras sin azúcar
- 2 cucharadas de mantequilla de almendras sin azúcar
- Opcional: swerve o stevia líquida al gusto

*Si no utiliza mantequilla de almendras salada, añada una pizca de sal a sus ingredientes

Direcciones

1. Caliente su sartén o sartén de hierro a fuego bajo-medio y engrase ligeramente la sartén con el aceite de su elección.

2. Combinar la leche de almendras y la mantequilla de almendras en un plato pequeño y en otro combinar los ingredientes secos hasta que estén bien mezclados.

3. Combinar los ingredientes secos y húmedos y remover hasta que estén bien mezclados. Dejar reposar la mezcla durante uno o dos minutos para que la harina de coco y el lino puedan absorber el líquido.

4. Vierta la masa en la sartén o en la plancha y extiéndala suavemente para formar las tortitas. Si la masa es un poco difícil de extender, puedes mojar el dorso de una cuchara y utilizarla como espátula.

5. Cocine hasta que el panqueque se voltee fácilmente - alrededor de 4-5 minutos, sin embargo, compruebe al tercer minuto moviendo la espátula debajo del panqueque suavemente. (Se quieren ver pequeñas burbujas por toda la superficie de la tortita como en las tortitas convencionales).

6. Cuando la parte inferior se dore, déle la vuelta y cocine durante 2-3 minutos más hasta que esté hecho

7. Cubra con más mantequilla de almendras, bayas, jarabe sin azúcar, crema de coco o mantequilla vegana (o cualquier combinación de los alimentos mencionados anteriormente) y disfrute.

Información nutricional por ración: Calorías 260, Proteínas 9,6g, Carbohidratos 5,1 g Grasas 20,8g

2. Huevos endiablados Keto

Tiempo de preparación: 10 minutos

Tiempo de cocción: 15 minutos

Porción: 6

Ingredientes

- ½ cucharada de semillas de amapola
- ¼ de cucharadita de sal
- ½ taza de mayonesa
- ½ aguacate
- 1 cucharadita de zumo de lima
- 6 huevos

Direcciones

1. Poner los huevos en una cacerola y añadir el agua fría suficiente para cubrir los huevos. Sin cubrir con una tapa, llevar a ebullición.
2. Dejar cocer los huevos en el agua caliente durante unos ocho minutos y luego enfriarlos rápidamente en agua helada.
3. Retirar con cuidado la cáscara del huevo. Cortar los dos extremos y cortar el huevo en mitades iguales. Retirar la yema del huevo y colocarla en un bol pequeño aparte.
4. Colocar las claras en otro plato y dejarlas reposar en la nevera.
5. Mezclar las yemas de huevo, la mayonesa, el aguacate y el zumo de lima hasta conseguir una masa homogénea. Añadir sal al gusto.

6. Sacar las claras del refrigerador y poner la mezcla de aguacate en el lugar donde estaba la yema.

7. Espolvorear las semillas de amapola por encima y servir.

Información nutricional por porción de 2 piezas: Calorías 200, Proteínas 6g, Carbohidratos 1g y Grasas 19g

3. Huevos en aguacate

Tiempo de preparación: 5 minutos

Tiempo de cocción: 25 minutos

Porción: 2 botes

Ingredientes

- 2 huevos ecológicos de corral
- 1 aguacate grande y maduro
- 1 cucharadita de aceite de coco
- Sal y pimienta al gusto
- Guarnición:
- Perlas de balsámico (o reducción de balsámico)
- Tomillo fresco
- Unos trozos de nueces picadas

Direcciones

1. Corta el aguacate por la mitad, quita el hueso y saca un poco de carne para que quepa un huevo entero dentro.
2. Retire un pequeño trozo de la piel del aguacate en la parte posterior para que pueda asentarse de forma recta cuando lo coloque en la tabla de cortar.
3. Rompa los huevos y repártalos en tres recipientes. Coloque las yemas en tazas de té pequeñas o en vasos de chupito individuales y, a continuación, coloque las claras juntas en el mismo recipiente para mezclar, de tamaño pequeño. Añadir pimienta y sal a las claras al gusto y mezclarlas bien
4. Añade el aceite de coco a una sartén con tapa y caliéntala a fuego medio-alto. Añade las mitades de

aguacate con la pulpa hacia abajo y dóralas ligeramente durante unos 30 segundos.

5. Dar la vuelta a los aguacates y rellenar las cavidades con las claras de huevo casi hasta arriba. Bajar el fuego y tapar la sartén y cocer durante unos 15-20 minutos hasta que las claras estén a punto de cuajar.

6. Deslice las yemas sobre las claras con cuidado y cocine hasta que las yemas alcancen el nivel de cocción deseado durante unos 3-5 minutos

7. Colocar en un plato y decorar con perlas de balsámico, tomillo y nueces

Información nutricional (tamaño de la porción 130g): Calorías 215, proteínas 9,1g, carbohidratos 8g y grasas 18,1g

4. Tortilla de queso Keto

Tiempo de preparación: 5 minutos

Tiempo de cocción: 10 minutos

Porción: 2

Ingredientes

- 7 oz. de queso cheddar, rallado
- 6 huevos
- 3 oz. de mantequilla
- Sal y pimienta al gusto

Direcciones

1. Batir los huevos hasta que estén ligeramente espumosos y suaves. Mezclar la mitad del queso rallado con los huevos. Añadir sal y pimienta al gusto.
2. En una sartén caliente, derretir la mantequilla. Añadir la mezcla de huevos con queso y dejarla reposar unos minutos.
3. Bajar el fuego y seguir cocinando la mezcla de huevos hasta que esté casi cocida.
4. Añadir el resto del queso cheddar rallado, doblar y servir inmediatamente

Información nutricional: Calorías 214, Proteínas 40g, Carbohidratos 4g y Grasas 80g

5. Gofres de almendra con arándanos

Tiempo de preparación: 5-15 minutos

Tiempo de cocción: 20 minutos

Porciones: 4

Ingredientes:

- 2 cucharadas de semillas de lino en polvo + 6 cucharadas de agua
- 2/3 de taza de harina de almendra
- 2 ½ cucharaditas de levadura en polvo
- Una pizca de sal
- 1 ½ tazas de leche de almendras
- 2 cucharadas de mantequilla vegetal
- 1 taza de mantequilla de almendra fresca
- 2 cucharadas de jarabe de arce puro
- 1 cucharadita de zumo de limón fresco

Direcciones:

1. En un recipiente mediano, mezcle el polvo de semillas de lino con el agua y déjelo en remojo durante 5 minutos.
2. Añadir la harina de almendras, la levadura en polvo, la sal y la leche de almendras. Mezclar hasta que estén bien combinados.
3. Precaliente una plancha de gofres y úntela con un poco de mantequilla vegetal. Vierta un cuarto de taza de la masa, cierre la plancha y cocine hasta que los gofres estén dorados y crujientes, de 2 a 3 minutos.

4. Pasar los gofres a un plato y hacer más gofres siguiendo el mismo proceso y las mismas proporciones de ingredientes.
5. Mientras tanto, en un bol mediano, mezclar la mantequilla de almendras con el sirope de arce y el zumo de limón. Sirve los gofres, unta la parte superior con la mezcla de almendras y limón, y sirve.

Nutrición: Calorías 533 Grasas 53g Carbohidratos 16. 7g Proteínas 1. 2g

RECETAS PARA EL ALMUERZO

6. Calabacín gratinado

Tiempo de preparación: 10 minutos

Tiempo de cocción: 40 minutos

Porciones: 6

Ingredientes:

- 2 calabacines en rodajas
- 1 taza de crema de leche
- 5 oz de queso Cheddar
- 1 cucharadita de pimienta negra molida
- 1 cucharadita de mantequilla
- 1 cucharada de harina de almendra
- 1 cucharadita de chile
- 1 oz de tallo de apio, picado

Direcciones:

1. Rallar el queso Cheddar.
2. Engrasar la sartén con mantequilla.
3. Colocar la capa de calabacines en rodajas en la sartén engrasada.

4. A continuación, espolvorear con el queso Cheddar y el tallo de apio.
5. Sazonar con pimienta negra molida y guindilla.
6. Repite los pasos hasta que uses todos los ingredientes.
7. Después de esto, mezclar la crema de leche y la harina de almendras.
8. Vierta el líquido sobre las verduras.
9. Precalentar el horno a 365F.
10. Cocinar el gratinado durante 40 minutos.

Valor nutricional/porción: calorías 209, grasa 18,3, fibra 1,4, carbohidratos 4,5, proteínas 8,2

7. Barras de calabacín

Tiempo de preparación: 10 minutos

Tiempo de cocción: 15 minutos

Raciones: 2

Ingredientes:

- 1 calabacín grande
- 6 oz de queso de cabra
- 1 cucharadita de eneldo picado
- ½ cucharadita de pimienta blanca
- 1 cucharada de pasta de tomate

Direcciones:

1. Cortar el calabacín en mitades y quitarle la pulpa.
2. A continuación, desmenuza el queso de cabra y mézclalo con el eneldo picado, la pimienta blanca y la pasta de tomate. Remover la mezcla.
3. Rellenar las mitades de calabacín con la mezcla de queso.
4. Envuelve los calabacines en el papel de aluminio.
5. Precaliente el horno a 375F y ponga los calabacines dentro.
6. Cocer la comida durante 15 minutos o hasta que el calabacín esté tierno.

Valor nutricional/porción: calorías 419, grasa 30,6, fibra 2,3, carbohidratos 9,4, proteínas 28,4

8. Gratinado de berenjena

Tiempo de preparación: 10 minutos

Tiempo de cocción: 30 minutos

Porciones: 4

Ingredientes:

- 1 berenjena grande
- 4 oz de parmesano rallado
- 6 oz de queso Cheddar, rallado
- 1 cebolla blanca, cortada en dados
- ½ taza de crema de leche
- 1 cucharadita de ajo picado
- 1 cucharadita de pimienta negra molida
- 1 cucharadita de mantequilla
- 1 cucharada de cebollino

Direcciones:

1. Picar la berenjena y espolvorearla con pimienta negra molida y ajo picado.
2. Engrasar la sartén con mantequilla y colocar las berenjenas picadas dentro.
3. A continuación, haga la capa de queso Cheddar sobre la berenjena.
4. Espolvorear el queso con cebollino y cebolla picada.
5. Espolvorear la cebolla con parmesano rallado.
6. Vierta la crema espesa sobre el queso.
7. Cubra el gratinado con papel de aluminio y asegure las tapas.
8. Precalentar el horno a 365F y meter el gratinado.

9. Cocer la comida durante 30 minutos.

Valor nutricional/porción: calorías 365, grasa 26,9, fibra 4,8, carbohidratos 11,9, proteínas 21,6

9. Ensalada griega

Tiempo de preparación: 7 minutos

Tiempo de cocción: 0 minutos

Porciones: 3

Ingredientes:

- 2 tomates picados
- 1 pepino picado
- 4 oz de queso Feta, picado
- 1 cucharada de aceite de oliva
- 1 cucharada de eneldo picado
- ½ cucharadita de orégano seco
- ½ cucharadita de pimienta negra molida

Direcciones:

1. En el bol de la batidora, mezcle el queso Feta picado, el pepino y los tomates.
2. Tome un bol aparte y bata el aceite de oliva, el orégano seco y la pimienta negra molida.
3. Añadir la mezcla de aceite de oliva en el bol de las verduras.
4. A continuación, añadir el eneldo picado y mezclar bien la ensalada.

Valor nutricional/porción: calorías 174, grasa 13,1, fibra 1,8, carbohidratos 9,3, proteínas 7

10. Champiñones Portobello

Tiempo de preparación: 8 minutos

Tiempo de cocción: 8 minutos

Porciones: 1

Ingredientes:

- 1 sombrero de hongo portobello
- 2 huevos de codorniz
- 3 oz de Tofu, desmenuzado
- 1 cucharadita de aceite de coco
- ½ cucharadita de pimienta negra molida
- ¼ de cebolla blanca picada

Direcciones:

1. Precalentar el horno a 365F.
2. Poner aceite de coco en el sombrero de las setas.
3. Espolvorear con pimienta negra molida y Tofu desmenuzado.
4. A continuación, añadir la cebolla picada y batir los huevos.
5. Colocar el sombrero de setas en la bandeja y trasladar al horno.
6. Cocer la comida durante 8 minutos.

Valor nutricional/porción: calorías 161, grasa 10,1, fibra 2,6, carbohidratos 7,8, proteínas 12,7

RECETAS PARA LA CENA

11. Quiche de brócoli sin corteza

Tiempo de preparación: 10 minutos

Tiempo de cocción: 48-50 minutos

Servir: 8

Ingredientes

- 1 cucharada de aceite de oliva virgen extra
- 2 dientes de ajo picados
- 1 pimiento rojo, cortado en dados pequeños
- 3 tazas de ramilletes de brócoli picados
- ½ cebolla amarilla, cortada en dados pequeños
- 4 huevos grandes
- 4 claras de huevo
- ¾ de taza de leche
- ½ cucharada de orégano
- ½ cucharada de albahaca
- ½ taza de mozzarella rallada
- ¼ de taza de feta desmenuzado
- ½ cucharadita de sal

- ¼ de cucharadita de pimienta negra

Direcciones

1. Precaliente el horno a 350°F.
2. Rocíe un molde para quiche de 9 pulgadas con aceite en aerosol y déjelo a un lado.
3. Poner una sartén grande a fuego medio y añadir aceite de oliva. Una vez que el aceite esté caliente, añada el ajo, los pimientos, el brócoli y la cebolla. Cocinar, removiendo de vez en cuando, unos 8 minutos o hasta que las verduras estén blandas.
4. Mientras tanto, en un bol mediano, bata los huevos y las claras con un tenedor.
5. A continuación, añada la leche, el orégano, la albahaca, la mozzarella y el queso feta. Sazone con sal y pimienta y revuelva para combinar.
6. Una vez cocidas las verduras, colócalas en la fuente de la quiche. Vierte la mezcla de huevos por encima, alisándola suavemente para que quede todo uniforme.
7. Colocar en el horno y hornear hasta que el borde de la quiche empiece a despegarse de los lados, unos 40 minutos.
8. Sacar del horno y dejar enfriar 10 minutos antes de cortar.

Datos nutricionales Por porción (1 rebanada) Calorías: 120 Grasas totales: 7g Hidratos de carbono: 6g Fibra: 2g Proteínas: 9g Azúcar: 4g

12. Cintas de calabacín y pesto de aguacate y nueces

Tiempo de preparación: 15 minutos

Tiempo de cocción: 5 minutos

Porción: 2

Ingredientes

Cintas de calabacín:

- 3 calabacines medianos
- ½ cucharadita de sal
- Pesto de aguacate y nueces:
- ½ aguacate grande
- ½ limón grande
- 1 taza de hojas de albahaca fresca
- ¼ de taza de nueces
- 2 dientes de ajo pelados
- ¼ de taza de queso parmesano rallado
- ½ taza de agua, si es necesario

Otros:

- 1 cucharada de aceite de oliva
- 5-6 hojas de albahaca fresca para decorar
- Queso parmesano para decorar
- Sal y pimienta al gusto

Direcciones

1. Con un pelador de verduras o una mandolina, cortar el calabacín a lo largo en tiras muy finas, hasta llegar a las semillas.

2. Pasar las tiras de calabacín a un colador colocado sobre un bol. Mezclar los calabacines con sal; dejar reposar 10 minutos a temperatura ambiente.
3. Mientras tanto, añada todos los ingredientes del pesto en el procesador de alimentos y mezcle hasta que la salsa esté suave. Añade agua para diluir la salsa si es necesario.
4. Vierta una cucharada de aceite de oliva en una sartén grande y ponga la sartén a fuego medio.
5. Una vez que el aceite esté caliente, añada el calabacín y saltee, removiendo frecuentemente, hasta que esté tierno, unos 3-5 minutos. Retirar del fuego.
6. Añadir el pesto a las cintas de calabacín. Mezcle bien y, a continuación, pruebe y ajuste la sazón, si es necesario.
7. Pasar las cintas de calabacín a una fuente de servir y decorar con albahaca fresca y queso parmesano rallado.
8. Servir caliente o a temperatura ambiente.

Datos nutricionales Por porción (½ de la receta) Calorías: 325 Grasas totales: 26g Hidratos de carbono: 18g Fibra: 6,5g Proteínas: 10,6g

13. Berenjenas asadas con tomate

Tiempo de preparación: 15 minutos

Tiempo de cocción: 45-55 minutos

Porción: 2

Ingredientes

- 1 pinta de tomates uva o cherry
- 2 dientes de ajo machacados
- 3 cucharadas, más 2 cucharaditas de aceite de oliva extra virgen
- ¼ de cucharadita de sal kosher
- Una o dos pizcas de copos de pimienta roja triturados
- 2 berenjenas pequeñas (unas 9 onzas cada una)
- ¼ de cucharadita de pimienta negra recién molida
- ½ taza de hojas de albahaca fresca, arrancadas

Direcciones

1. Caliente el horno a 400°F.
2. Colocar los tomates y el ajo en una bandeja de horno con borde. Añade 3 cucharadas de aceite, la mitad de la sal y las escamas de pimiento rojo y remueve para cubrirlos.
3. Cortar la berenjena por la mitad a lo largo. Hacer una raya en la carne interior en forma de cruz sin cortar la piel. Untar la carne con las 2 cucharaditas de aceite restantes, espolvorear con pimienta negra y la sal restante.
4. Coloque cada mitad, con el corte hacia abajo, en la bandeja y ase hasta que las berenjenas estén tiernas y los tomates estallen, de 45 a 55 minutos.

5. Para servir, repartir las berenjenas en los platos; echar los tomates y el ajo por encima. Espolvorear con albahaca.

Datos nutricionales Por porción (½ de la receta) Calorías: 330 Grasas totales: 27g Carbohidratos: 22g Fibra: 11g Proteínas: 4g Azúcar: 10g

14. Espárragos raspados con pesto

Tiempo de preparación: 10 minutos

Tiempo de cocción: 5 minutos

Porción: 2

Ingredientes

- 1 libra de espárragos
- 1 cucharadita de aceite de oliva
- ¼ de taza de pesto
- ¼ de taza de queso feta desmenuzado
- Decorar con piñones, sal marina gruesa y pimienta negra

Direcciones

1. Limpie y seque los espárragos. Romper la pulgada inferior dura de cada espárrago.
2. Cortar los tallos a lo largo en tiras muy finas, utilizando un pelador de verduras o una mandolina.
3. Poner una sartén grande a fuego medio-alto y añadir aceite de oliva. Una vez que el aceite esté caliente, añada los espárragos.
4. Saltear durante 2 minutos, removiendo de vez en cuando con unas pinzas, hasta que los fideos de espárragos sean de color verde brillante y estén ligeramente tiernos. Retirar del fuego.
5. Añadir el pesto y el feta y remover para combinar.
6. Pasar los espárragos a una fuente de servir y cubrirlos con piñones, sal y pimienta.

Información nutricional por ración (½ de la receta) Calorías: 250 Grasas totales: 19,6g Hidratos de carbono: 11,6g Fibra: 5,3g Proteínas: 10,7g

15. Ensalada de col cremosa

Tiempo de preparación: 5 minutos

Tiempo de cocción: 0 minutos

Porción: 6

Ingredientes

- Bolsa de 14 oz. de mezcla de ensalada de col
- ¾ de taza de mayonesa
- 1½ cucharadas de zumo de limón (yo prefiero que esté recién exprimido)
- 3 cucharadas de eritritol, confitero (o su sustituto del azúcar preferido)
- 1 cucharada de vinagre de sidra de manzana
- 1 cucharadita de mostaza de Dijon (como Grey Poupon)
- ½ cucharadita de pimienta negra
- ½ cucharadita de sal de apio

Direcciones

1. En un bol mediano o grande, mezcle la mayonesa, el zumo de limón, el eritritol, el vinagre, la mostaza de Dijon, la pimienta negra y la sal de apio.
2. Añadir la mezcla de la ensalada de col y remover para cubrirla.
3. Rectificar de sal y pimienta al gusto y servir inmediatamente.

Información nutricional por ración (½ taza) Calorías: 205 Grasas totales: 20g Hidratos de carbono: 10g Fibra: 2g Proteínas: 1g

RECETAS PARA VEGANOS Y VERDURAS

16. Pizza mediterránea de humus

Tiempo de preparación: 10 minutos

Tiempo de cocción: 30 minutos

Raciones: 2 pizzas

Ingredientes

- ½ calabacín, cortado en rodajas finas
- ½ cebolla roja, cortada en rodajas finas
- 1 taza de tomates cherry cortados por la mitad
- De 2 a 4 cucharadas de aceitunas negras sin hueso y picadas
- Una pizca de sal marina
- Rociar con aceite de oliva (opcional)
- 2 cortezas de pizza precocidas
- ½ taza de Hummus clásico, o Hummus de pimientos rojos asados
- De 2 a 4 cucharadas de Cheesy Sprinkle

Direcciones

1. Precaliente el horno a 400°F. Coloca los calabacines, la cebolla, los tomates cherry y las aceitunas en un bol grande, espolvoréalos con la sal marina y revuélvelos un poco. Rocíe con un poco de aceite de oliva (si lo

utiliza), para sellar el sabor y evitar que se sequen en el horno.

2. Coloca las dos cortezas en una bandeja de horno grande. Esparce la mitad del humus en cada corteza, y cubre con la mezcla de verduras y un poco de Cheesy Sprinkle. Mete las pizzas en el horno de 20 a 30 minutos, o hasta que las verduras estén blandas.

Nutrición (1 pizza Calorías: 500; Grasa total: 25g; Carbohidratos: 58g; Fibra: 12g; Proteínas: 19g

17. Coles de Bruselas al horno

Tiempo de preparación: 10 minutos

Tiempo de cocción: 40 minutos

Porciones: 4

Ingredientes

- 1 libra de coles de Bruselas
- 2 cucharaditas de aceite de oliva extra virgen o de canola
- 4 cucharaditas de ajo picado (unos 4 dientes)
- 1 cucharadita de orégano seco
- ½ cucharadita de romero seco
- ½ cucharadita de sal
- ¼ de cucharadita de pimienta negra recién molida
- 1 cucharada de vinagre balsámico

Direcciones

1. Precalentar el horno a 400ºF. Forrar una bandeja de horno con borde con papel pergamino. Recorta y corta por la mitad las coles de Bruselas. Póngalas en un bol grande. Mezcle con el aceite de oliva, el ajo, el orégano, el romero, la sal y la pimienta para cubrirlas bien.

2. Pasar a la bandeja de hornear preparada. Hornear de 35 a 40 minutos, agitando la bandeja de vez en cuando para ayudar a que se dore de manera uniforme, hasta que esté crujiente por fuera y tierno por dentro. Retirar del horno y pasar a un bol grande. Incorporar el vinagre balsámico y cubrirlo bien.

3. Dividir las coles de Bruselas de manera uniforme entre 4 recipientes de una sola porción. Dejar enfriar antes de sellar las tapas.

Nutrición: Calorías: 77; Grasa: 3g; Proteína: 4g; Carbohidratos: 12g; Fibra: 5g; Azúcar: 3g; Sodio: 320mg

18. Donburi de Edamame

Tiempo de preparación: 5 minutos

Tiempo de cocción: 20 minutos

Porciones: 4

Ingredientes

- 1 taza de edamame fresco o congelado sin cáscara
- 1 cucharada de aceite de canola o de semillas de uva
- 1 cebolla amarilla mediana, picada
- 5 sombreros de setas shiitake, ligeramente enjuagados, secados con palmaditas y cortados en tiras de 1/4 de pulgada
- 1 cucharadita de jengibre fresco rallado
- 3 cebollas verdes picadas
- 8 onzas de tofu firme, escurrido y desmenuzado
- 2 cucharadas de salsa de soja
- 3 tazas de arroz blanco o integral cocido y caliente
- 1 cucharada de aceite de sésamo tostado
- 1 cucharada de semillas de sésamo tostadas, para decorar

Direcciones

1. En una cacerola pequeña con agua salada hirviendo, cocine el edamame hasta que esté tierno, unos 10 minutos. Escurrir y reservar.

2. En una sartén grande, calentar el aceite de canola a fuego medio. Añadir la cebolla, tapar y cocinar hasta que se ablande, unos 5 minutos. Añada los champiñones y cocine, sin tapar, 5 minutos más.

Incorpore el jengibre y las cebollas verdes. Añada el tofu y la salsa de soja y cocine hasta que se calienten, removiendo para que se combinen bien, unos 5 minutos. Añada el edamame cocido y cocine hasta que se caliente, unos 5 minutos.

3. Reparte el arroz caliente en 4 cuencos, cubre cada uno de ellos con la mezcla de edamame y tofu, y rocía el aceite de sésamo. Espolvorear con semillas de sésamo y servir inmediatamente.

19. Tomates rellenos sicilianos

Tiempo de preparación: 10 minutos

tiempo de cocción: 30 minutos

porciones: 4

Ingredientes

- 2 tazas de agua
- 1 taza de cuscús
- Sal
- 3 cebollas verdes picadas
- 1/3 de taza de pasas doradas
- 1 cucharadita de ralladura fina de naranja
- 4 tomates grandes y maduros
- 1/3 de taza de piñones tostados
- 1/4 de taza de perejil fresco picado
- Pimienta negra recién molida
- 2 cucharaditas de aceite de oliva

Direcciones

1. Precaliente el horno a 375°F. Engrasar ligeramente un molde para hornear de 9 x 13 pulgadas y reservar. En una cacerola grande, ponga el agua a hervir a fuego alto. Añade el cuscús y sal al gusto y retira del fuego. Añada las cebollas verdes, las pasas y la ralladura de naranja. Tapar y reservar durante 5 minutos.

2. Cortar una rodaja de 1/2 pulgada de grosor de la parte superior de cada uno de los tomates. Saque la pulpa con una cuchara, manteniendo las cáscaras de los tomates intactas. Picar la pulpa y colocarla en un bol

grande. Añadir la mezcla de cuscús junto con los piñones, el perejil y sal y pimienta al gusto. Mezclar bien.

3. Rellenar los tomates con la mezcla y colocarlos en el molde preparado. Rocíe los tomates con el aceite, cúbralos con papel de aluminio y hornéelos hasta que estén calientes, unos 20 minutos. Servir inmediatamente.

20. Patatas al horno básicas

Tiempo de preparación: 5 minutos

Tiempo de cocción: 60 minutos

Porciones: 5

Ingredientes

- 5 patatas Russet medianas o una variedad de patatas, lavadas y secadas con palmaditas
- 1 ó 2 cucharadas de aceite de oliva virgen extra o aquafaba (ver consejo
- ¼ de cucharadita de sal
- ¼ de cucharadita de pimienta negra recién molida

Direcciones

1. Precalentar el horno a 400ºF. Pinchar cada patata varias veces con un tenedor o un cuchillo. Unte las patatas con aceite de oliva y frótelas con una pizca de sal y otra de pimienta.
2. Colocar las patatas en una bandeja de horno y hornearlas de 50 a 60 minutos, hasta que estén tiernas. Colocar las patatas en una rejilla para hornear y enfriar completamente. Pasarlas a un recipiente hermético o a 5 recipientes de una sola ración. Dejar enfriar antes de sellar las tapas.

Nutrición: Calorías: 171; Grasa: 3g; Proteína: 4g; Carbohidratos: 34g; Fibra: 5g; Azúcar: 3g; Sodio: 129mg

PLATO LATERAL

21. Halloumi asado

Tiempo de preparación: 8 minutos

Tiempo de cocción: 5 minutos

Porciones: 3

Ingredientes:

- 10 oz de queso halloumi
- 1 cucharada de aceite de oliva
- 1 cucharadita de pimienta negra molida
- ½ cucharadita de orégano seco
- ¼ de cucharadita de cilantro seco

Direcciones:

1. Precaliente la parrilla a 375F.
2. Mientras tanto, mezcle el aceite de oliva, la pimienta negra molida, el orégano seco y el cilantro seco.
3. Unte el queso con la mezcla de aceite de oliva por cada lado.
4. Coloque el queso Halloumi en la parrilla y cocínelo durante 2,5 minutos por cada lado.

Valor nutricional/porción: calorías 387, grasa 32,9, fibra 0,3, carbohidratos 3, proteínas 20,5

22. Col asada

Tiempo de preparación: 10 minutos

Tiempo de cocción: 15 minutos

Porciones: 3

Ingredientes:

- 11 oz de col blanca
- 1 cucharada de aceite de oliva
- 1 cucharadita de pimienta blanca
- 1 cucharadita de cebolla en polvo

Direcciones:

1. Cortar la col blanca en trozos.
2. Frote la verdura con pimienta blanca y cebolla en polvo.
3. A continuación, rocíe con aceite de oliva.
4. Precaliente el horno a 375F.
5. Colocar los trozos de col en la bandeja y llevar al horno precalentado.
6. Cocinar la guarnición durante 15 minutos o hasta que los bordes de la col estén ligeramente dorados.

Valor nutricional/porción: calorías 71, grasa 4,8, fibra 2,8, carbohidratos 7,1, proteínas 1,5

23. Huevos endiablados

Tiempo de preparación: 10 minutos

Tiempo de cocción: 6 minutos

Porciones: 3

Ingredientes:

- 3 huevos
- 1 cucharada de mostaza
- 1 cucharadita de cebollino picado
- ¾ de cucharadita de cúrcuma

Direcciones:

1. Hervir los huevos durante 6 minutos.
2. Mientras tanto, mezcle el cebollino, la cúrcuma y la mostaza.
3. Cuando los huevos estén cocidos, enfríalos en agua helada y pélalos.
4. Cortar los huevos en mitades.
5. Retirar las yemas de huevo y añadirlas a la mezcla de mostaza.
6. Triturar hasta que esté suave.
7. Rellenar las claras con la mezcla de yemas.

Valor nutricional/porción: calorías 82, grasa 5,5, fibra 0,7, carbohidratos 2, proteínas 6,5

24. Brócoli frito

Tiempo de preparación: 7 minutos

Tiempo de cocción: 13 minutos

Porciones: 4

Ingredientes:

- 2 tazas de ramilletes de brócoli
- 1 cucharadita de cebolla en polvo
- 2 cucharadas de aceite de coco
- 1 cucharadita de copos de almendra
- 1 cucharadita de sal

Direcciones:

1. Precalentar el horno a 365F.
2. Colocar los ramilletes de brócoli en la bandeja.
3. Añade el aceite de coco, los copos de almendra, la sal y la cebolla en polvo.
4. Mezclar bien el brócoli.
5. Poner la bandeja en el horno y cocinar durante 10 minutos.
6. A continuación, remueva el brócoli y cocínelo durante 2-3 minutos más.

Valor nutricional/porción: calorías 86, grasa 7,8, fibra 1,4, carbohidratos 3,7, proteínas 1,7

25. Coles de Bruselas con nueces

Tiempo de preparación: 10 minutos

Tiempo de cocción: 30 minutos

Porciones: 4

Ingredientes:

- 2 tazas de coles de Bruselas
- 3 onzas de nueces picadas
- 3 cucharadas de aceite de coco
- 1 cucharadita de sal
- 1 cucharadita de ajo en polvo
- 1 cucharadita de pimienta de cayena

Direcciones:

1. Cortar las coles de Bruselas en mitades y colocarlas en la bandeja.
2. Mezcle el aceite de coco, la sal, el ajo en polvo y la pimienta de cayena.
3. Poner la mezcla sobre las coles de Bruselas.
4. Añade las pacanas.
5. Precalentar el horno a 360F.
6. Poner la bandeja con las coles de Bruselas en el horno y cocinar durante 30 minutos o hasta que las coles estén tiernas.

Valor nutricional/porción: calorías 259, grasa 25,6, fibra 4,1, carbohidratos 7,8, proteínas 4

RECETAS DE PASTA

26. Lasaña de tofu y espinacas con salsa roja

Tiempo de preparación: 20 minutos

Tiempo de cocción: 45 minutos

Porción: 4

Ingredientes:

- 2 cucharadas de mantequilla
- 1 cebolla blanca picada
- 1 diente de ajo picado
- 2 ½ tazas de tofu desmenuzado
- 3 cucharadas de pasta de tomate
- ½ cucharada de orégano seco
- 1 cucharadita de sal
- ¼ de cucharadita de pimienta negra molida
- ½ taza de agua
- 1 taza de espinacas tiernas

Para la pasta baja en carbohidratos:

- Huevo de lino: 8 cucharadas de semillas de lino en polvo + 1 ½ tazas de agua
- 1 ½ taza de crema de anacardos sin leche
- 1 cucharadita de sal
- 5 cucharadas de cáscara de psilio en polvo

Para la cobertura:

- 2 tazas de crema de coco
- 5 oz. de queso mozzarella rallado
- 2 oz. de queso de tofu rallado
- ½ cucharadita de sal
- ¼ de cucharadita de pimienta negra molida
- ½ taza de perejil fresco, finamente picado

Direcciones:

1. Derrita la mantequilla en una olla mediana a fuego medio. A continuación, añada la cebolla blanca y el ajo, y saltéelos hasta que estén fragantes y blandos, unos 3 minutos.

2. Incorpore el tofu y cocínelo hasta que se dore. Mezcle la pasta de tomate, el orégano, la sal y la pimienta negra.

3. Vierta el agua en la olla, remueva y cocine a fuego lento los ingredientes hasta que la mayor parte del líquido se haya evaporado.

4. Mientras se cocina la salsa, prepare las hojas de lasaña. Precaliente el horno a 300 F y mezcle la semilla de lino en polvo con el agua en un bol mediano para hacer el huevo de lino. Deje que se espese durante 5 minutos.

5. Combinar el huevo de lino con la crema de anacardos y la sal. Añade el polvo de cáscara de psilio poco a poco mientras bates y deja que la mezcla repose unos minutos más.

6. Forrar una bandeja para hornear con papel pergamino y extender la mezcla. Cubrir con otro papel pergamino y utilizar un rodillo para aplanar la masa en la hoja.

7. Hornea la pasta en el horno de 10 a 12 minutos, retírala después, quita los papeles de pergamino y corta la pasta en láminas que se ajusten a tu bandeja de hornear.

8. En un bol, combinar la crema de coco y dos tercios del queso mozzarella. Saca 2 cucharadas de la mezcla y reserva.

9. Mezcle el queso de tofu, la sal, la pimienta negra y el perejil. Reservar.

10. Engrasar la fuente de horno con spray de cocina y colocar un tercio de las láminas de pasta; extender la mitad de la salsa de tomate por encima, añadir otro tercio de las láminas de pasta, la salsa de tomate restante y el resto de las láminas de pasta.

11. Engrasar la fuente de horno con aceite en aerosol, colocar una sola línea de pasta en la fuente, extender un poco de salsa de tomate, 1/3 de las espinacas y ¼ de la mezcla de crema de coco. Sazone con sal y pimienta negra al gusto.

12. Repita la colocación de los ingredientes dos veces de la misma manera, asegurándose de cubrir la última capa con la mezcla de crema de coco y la crema de anacardos reservada.

13. Hornee durante 30 minutos a 400 F o hasta que la lasaña tenga una bonita superficie dorada.

14. Retirar el plato, dejar enfriar unos minutos y cortar en rodajas.

15. Sirve la lasaña con una ensalada verde pequeña.

Nutrición: Calorías: 487, Grasa total:45,3g, Grasa saturada:34,2g, Carbohidratos totales: 13g, Fibra dietética:3g, Azúcar: 2g, Proteína: 14g, Sodio:459 mg

27. Fideos a la boloñesa

Tiempo de preparación: 10 minutos

Tiempo de cocción: 35 minutos

Porción: 4

Ingredientes:

Para la salsa boloñesa:

- 3 oz. de aceite de oliva
- 1 cebolla blanca picada
- 1 diente de ajo picado
- 3 oz. de apio picado
- 3 tazas de tofu desmenuzado
- 2 cucharadas de pasta de tomate
- 1 ½ tazas de tomates triturados
- 1 cucharadita de sal
- ¼ de cucharadita de pimienta negra
- 1 cucharada de albahaca seca
- 1 cucharada de salsa Worcestershire
- Agua según sea necesario

Para los fideos:

- 1 libra de calabacines
- 2 cucharadas de mantequilla
- Sal y pimienta negra al gusto

Direcciones:

1. Vierta el aceite de oliva en una cacerola y caliéntelo a fuego medio. Cuando ya no brille, añadir la cebolla, el

ajo y el apio. Saltear durante 3 minutos o hasta que las cebollas estén blandas y las zanahorias caramelizadas.

2. Vierta el tofu, la pasta de tomate, los tomates, la sal, la pimienta negra, la albahaca y la salsa Worcestershire. Revuelva y cocine durante 15 minutos, o cocine a fuego lento durante 30 minutos.

3. Añadir un poco de agua si la mezcla es demasiado espesa y seguir cociendo a fuego lento durante 20 minutos.

4. Mientras se cocina la salsa, haz los zoodles. Pasa el calabacín por un espiralizador para formar fideos.

5. Derretir la mantequilla en una sartén a fuego medio y remover los zoodles rápidamente en la mantequilla, aproximadamente 1 minuto solamente.

6. Condimentar con sal y pimienta negra.

Nutrición: Calorías: ,239 Grasas totales:14,7g, Grasas saturadas:8,1g, Carbohidratos totales: 14g, Fibra dietética:1g, Azúcar:7g, Proteínas: 13g, Sodio: 530mg

28. Setas cremosas con Shirataki

Tiempo de preparación: 25 minutos

Tiempo de cocción: 30 minutos

Porción: 4

Ingredientes:

Para el shirataki de cabello de ángel:

- 2 paquetes (8 oz) de shirataki de cabello de ángel

Para la crema de setas:

- 4 cucharadas de aceite de oliva
- 1 libra de champiñones cremini en rodajas
- 3 chalotas, finamente picadas
- 6 dientes de ajo picados
- 2 cucharaditas de copos de chile rojo
- ¼ de taza de vino blanco
- ½ taza de caldo de verduras
- 1 ½ tazas de crema de coco
- 2 cucharadas de perejil fresco picado
- Sal y pimienta negra al gusto

Direcciones:

Para el shirataki de cabello de ángel:

1. Poner a hervir 2 tazas de agua en una olla mediana a fuego medio.
2. Pase la pasta shirataki por un colador y enjuáguela muy bien bajo el chorro de agua caliente.

3. Escurrir bien y pasar la pasta shirataki al agua hirviendo. Cocer durante 3 minutos y volver a colar.

4. Poner una sartén grande y seca a fuego medio y saltear la pasta shirataki hasta que esté visiblemente seca, de 1 a 2 minutos. Retirar del fuego y reservar.

Para la crema de setas:

5. Caliente el aceite de oliva en una sartén grande y saltee los champiñones, las chalotas, el ajo y las hojuelas de chile hasta que se ablanden y estén fragantes, 3 minutos.

6. Mezclar con el vino blanco y el caldo de verduras. Dejar hervir y batir el resto de la mantequilla y luego la crema de coco.

7. Probar la salsa y ajustar el sabor con sal, pimienta negra y mezclar con el perejil.

8. Vierta la pasta shirataki, los mejillones y mézclelos bien con la salsa.

9. Servir después.

Nutrición: Calorías: 673, Grasa total: 58,8 g, Grasa saturada: 36,3 g, Carbohidratos totales: 16 g, Fibra dietética: 7, Azúcar: 2 g, Proteínas: 26 g, Sodio: 760 mg

29. Espaguetis de calabaza con tempeh Alfredo

Tiempo de preparación: 1 hora y 20 minutos

Tiempo de cocción: 1 hora y 10 minutos

Tiempo de cocción:

Porción: 4

Ingredientes:

Para la pasta:

- 2 calabazas medianas, cortadas por la mitad
- 2 cucharadas de aceite de oliva

Para la salsa:

- 2 cucharadas de mantequilla
- 1 libra de tempeh, desmenuzado
- ½ cucharadita de ajo en polvo
- Sal y pimienta negra al gusto
- 1 cucharadita de almidón de flecha
- 1 ½ tazas de crema de coco
- Una pizca de nuez moscada
- 1/3 de taza de queso parmesano finamente rallado
- 1/3 de taza de queso mozzarella de tempeh finamente rallado

Direcciones:

1. Precaliente el horno a 375 F y forre una bandeja para hornear con papel de aluminio. Ponga a un lado.
2. Sazona la calabaza con el aceite de oliva, la sal y la pimienta negra. Colocar la calabaza en la bandeja de

horno, con el lado abierto hacia arriba y asar durante 45 a 50 minutos hasta que la calabaza esté tierna.

3. Cuando esté lista, retire la calabaza del horno, deje que se enfríe y utilice dos tenedores para desmenuzar la parte interior de los fideos. Reservar.

4. Derretir la mantequilla en una olla mediana, añadir el tempeh, el ajo en polvo, la sal y la pimienta negra, cocinar hasta que se dore, 10 minutos.

5. Añada el almidón de arrastre, la crema de coco y la nuez moscada. Cocine hasta que la salsa se espese, de 2 a 3 minutos.

6. Con una cuchara, se vierte la salsa en las calabazas y se cubre con los quesos parmesano y mozzarella.

7. Colocar bajo la parrilla del horno y cocinar hasta que los quesos se derritan y se doren, de 2 a 3 minutos.

8. Sacar del horno y servir caliente.

Nutrición: Calorías: 865, Grasa total: 80,2g, Grasa saturada: 56,8g, Carbohidratos totales: 19g, Fibra dietética: 5g, Azúcar: 5g, Proteínas: 28g, Sodio: 1775mg

30. Pasta Keto con bolas de tofu mediterráneo

Tiempo de preparación: 90 minutos + enfriamiento nocturno

Tiempo de cocción: 40 minutos

Tamaño de la porción: 4

Ingredientes:

Para la pasta keto:

- 1 taza de queso mozzarella rallado
- 1 yema de huevo

Para la salsa:

- 3 cucharadas de aceite de oliva
- 2 cebollas amarillas picadas
- 6 dientes de ajo picados
- 2 cucharadas de pasta de tomate sin azúcar
- 2 tomates grandes picados
- ¼ cucharadita de azafrán en polvo
- 2 ramas de canela
- 4 ½ tazas de caldo de verduras
- Sal y pimienta negra al gusto

Para las albóndigas mediterráneas:

- 2 tazas de cortezas de champiñones
- 1 libra de tofu
- 1 huevo
- ¼ de taza de leche de almendras
- 6 dientes de ajo picados
- Sal y pimienta negra al gusto

- ½ cucharadita de cilantro en polvo
- ¼ cucharadita de nuez moscada en polvo
- 1 cucharada de pimentón ahumado
- 1 ½ cucharadita de pasta de jengibre fresco
- 1 cucharadita de comino en polvo
- ½ cucharadita de pimienta de cayena
- 1 ½ cucharadita de cúrcuma en polvo
- ½ cucharadita de clavo de olor en polvo
- 4 cucharadas de cilantro picado
- 4 cucharadas de cebollas picadas
- 4 cucharadas de perejil picado
- ¼ de taza de harina de almendra
- ¼ de taza de aceite de oliva
- 1 taza de requesón desmenuzado para servir

Direcciones:

Para la pasta:

1. Vierta el queso en un recipiente mediano para microondas y derrítalo en el microondas durante 35 minutos o hasta que se derrita.
2. Retirar el bol y dejar enfriar durante 1 minuto sólo para calentar el queso pero sin que se enfríe del todo. Mezclar la yema de huevo hasta que esté bien combinada.
3. Coloque papel de pergamino en una superficie plana, vierta la mezcla de queso encima y cubra con otro papel de pergamino. Con un rodillo, aplane la masa hasta obtener un grosor de 1/8 de pulgada.

4. Quitar el papel de pergamino y cortar la masa en forma de espaguetis. Colocar en un bol y refrigerar durante la noche.

5. Cuando esté listo para cocinar, ponga a hervir 2 tazas de agua en una cacerola mediana y añada la pasta.

6. Cocer de 40 segundos a 1 minuto y escurrir en un colador. Deja correr agua fría sobre la pasta y resérvala para que se enfríe.

Para las bolas de tofu mediterráneas:

1. En una olla grande, calentar el aceite de oliva y saltear las cebollas hasta que se ablanden, 3 minutos. Incorpore el ajo y cocine hasta que esté fragante, 30 segundos.

2. Incorpore la pasta de tomate, los tomates, el azafrán y las ramas de canela; cocine durante 2 minutos y luego mezcle el caldo de verduras, la sal y la pimienta negra. Cocine a fuego lento de 20 a 25 minutos mientras prepara las bolas de tofu.

3. En un bol grande, mezclar las cortezas de los champiñones, el tofu, el huevo, la leche de almendras, el ajo, la sal, la pimienta negra, el cilantro, la nuez moscada en polvo, el pimentón, la pasta de jengibre, el comino en polvo, la pimienta de cayena, la cúrcuma en polvo, el clavo de olor en polvo, el cilantro, el perejil, 3 cucharadas de cebolletas y la harina de almendras. Formar albóndigas de una pulgada con la mezcla.

4. Calentar el aceite de oliva en una sartén grande y freír las bolas de tofu por tandas hasta que se doren por todos los lados, 10 minutos.

5. Poner las bolas de tofu en la salsa, cubrirlas bien con la salsa y continuar la cocción a fuego lento de 5 a 10 minutos.

6. Reparte la pasta en los platos de servir y pon encima las bolas de tofu con la salsa.

7. Adornar con el requesón, las cebolletas restantes y servir caliente.

Nutrición: Calorías: 232, Grasa total:14,3g, Grasa saturada:5,4g, Carbohidratos totales: 12g, Fibra dietética: g4, Azúcar:4 g, Proteínas:20 g, Sodio: 719mg

RECETAS DE APERITIVOS

31. Chips de Wonton con sésamo negro

Tiempo de preparación: 5 minutos

Tiempo de cocción: 5 minutos

Porciones: 6

Ingredientes

- 12 Envoltorios de Wonton Veganos
- Aceite de sésamo tostado
- 1/3 de taza de semillas de sésamo negro
- Sal

Direcciones

1. Precalentar el horno a 450°F. Engrasar ligeramente una bandeja para hornear y reservar. Corta los envoltorios de wonton por la mitad en sentido transversal, úntalos con aceite de sésamo y colócalos en una sola capa en la bandeja de horno preparada.

2. Espolvorear los envoltorios de wonton con las semillas de sésamo y sal al gusto, y hornear hasta que estén crujientes y dorados, de 5 a 7 minutos. Deje enfriar completamente antes de servir. Lo mejor es comerlos el mismo día en que se hacen, pero una vez enfriados, se pueden tapar y guardar a temperatura ambiente durante 1 o 2 días.

Nutrición: Calorías: 150 Cal Grasa: 2 g Proteína: 8 g Carbohidratos: 11 g Fibra: 9 g

32. Envolturas de setas marinadas

Tiempo de preparación: 15 minutos

Tiempo de cocción: 0 minutos

Raciones: 2

Ingredientes

- 3 cucharadas de salsa de soja
- 3 cucharadas de zumo de limón fresco
- 1 1/2 cucharadas de aceite de sésamo tostado
- 2 champiñones portobello, cortados en tiras de 1/4 de pulgada
- 1 aguacate Hass maduro, sin hueso y pelado
- 2 tortillas de harina integral de 10 pulgadas
- 2 tazas de hojas frescas de espinacas baby
- 1 pimiento rojo mediano, cortado en tiras de 1/4 de pulgada
- 1 tomate maduro, picado
- Sal y pimienta negra recién molida

Direcciones

1. En un bol mediano, combine la salsa de soja, 2 cucharadas de zumo de limón y el aceite. Añada las tiras de portobello, mezcle y deje marinar durante 1 hora o toda la noche. Escurra los champiñones y resérvelos.

2. Triturar el aguacate con la cucharada restante de zumo de limón.

3. Para montar los wraps, coloca una tortilla en una superficie de trabajo y úntala con parte del puré de

aguacate. Cubre con una capa de hojas de espinacas baby. En el tercio inferior de cada tortilla, disponer tiras de los champiñones remojados y algunas de las tiras de pimiento. Espolvorear con el tomate y sal y pimienta negra al gusto. Enrollar bien y cortar por la mitad en diagonal.

4. Repetir con el resto de los ingredientes y servir.

Nutrición: Calorías: 143 Cal Grasa: 3g Proteína: 16 g Carbohidratos: 7 g Fibra: 3 g

33. Almendras tostadas al tamari

Tiempo de preparación: 2 minutos

Tiempo de cocción: 8 minutos

Porciones: 1

Ingredientes

- 1/2 taza de almendras crudas, o semillas de girasol
- 2 cucharadas de tamari, o salsa de soja
- 1 cucharadita de aceite de sésamo tostado

Direcciones

1. Calentar una sartén seca a fuego medio-alto y añadir las almendras, removiendo con frecuencia para evitar que se quemen. Una vez que las almendras estén tostadas, de 7 a 8 minutos en el caso de las almendras, o de 3 a 4 minutos en el caso de las semillas de girasol, vierta el tamari y el aceite de sésamo en la sartén caliente y remueva para cubrirlas.

2. Puedes apagar el fuego, y mientras las almendras se enfrían la mezcla de tamari se pegará y secará en los frutos secos.

Nutrición: Calorías: 89 Cal grasa: 8 g Carbohidratos: 3 g Fibra: 2 g Proteína: 4 g

34. Wraps de aguacate y bacon de tempeh

Tiempo de preparación: 10 minutos

Tiempo de cocción: 8 minutos

Porciones: 4

Ingredientes

- 2 cucharadas de aceite de oliva
- 8 onzas de tocino de tempeh, hecho en casa o comprado en la tienda
- 4 tortillas de harina (de 10 pulgadas) o pan plano lavash
- 1/4 de taza de mayonesa vegana, hecha en casa o comprada en la tienda
- 4 hojas de lechuga grandes
- 2 aguacates Hass maduros, sin hueso, pelados y cortados en rodajas de 1/4 de pulgada
- 1 tomate grande y maduro, cortado en rodajas de 1/4 de pulgada

Direcciones

1. En una sartén grande, calentar el aceite a fuego medio. Añadir el tocino de tempeh y cocinar hasta que se dore por ambos lados, unos 8 minutos. Retirar del fuego y reservar.
2. Colocar 1 tortilla en una superficie de trabajo. Untar con parte de la mayonesa y una cuarta parte de la lechuga y los tomates.

3. Deshuesar, pelar y cortar en rodajas finas el aguacate y colocar las rodajas sobre el tomate. Añadir el tocino de tempeh reservado y enrollar bien. Repetir con el resto de los ingredientes y servir.

Nutrición: Calorías: 132 Cal Grasa: 1 g Proteína: 8 g Carbohidratos: 12 g Fibra: 2 g

35. Chips de col rizada

Tiempo de preparación: 5 minutos

Tiempo de cocción: 25 minutos

Raciones: 2

Ingredientes

- 1 manojo grande de col rizada
- 1 cucharada de aceite de oliva virgen extra
- ½ cucharadita de polvo de chipotle
- ½ cucharadita de pimentón ahumado
- ¼ de cucharadita de sal

Direcciones

1. Precalentar el horno a 275ºF.
2. Forrar una bandeja de horno grande con papel pergamino. En un tazón grande, corte la col rizada y pártala en trozos del tamaño de un bocado. Añade el aceite de oliva, el chipotle en polvo, el pimentón ahumado y la sal.
3. Mezcle la col rizada con unas pinzas o con las manos, cubriendo bien cada pieza.
4. Extiende la col rizada sobre el papel de pergamino en una sola capa.
5. Hornear durante 25 minutos, dándoles la vuelta a la mitad, hasta que estén crujientes.
6. Enfriar de 10 a 15 minutos antes de dividir y guardar en 2 recipientes herméticos.

Nutrición: Calorías: 144 Cal Grasa: 7 g Proteína: 5 g Carbohidratos: 18 g Fibra: 3 g

RECETAS DE SOPA Y GUISO

36. Estofado de espinacas y judías cannellini

Tiempo de preparación: 10 minutos

Tiempo de cocción: 15 minutos

Porciones: 6

Ingredientes:

- 28 onzas de judías cannellini cocidas
- 24 onzas de passata de tomate
- 17 onzas de espinacas picadas
- ¼ de cucharadita de pimienta negra molida
- 2/3 cucharadita de sal
- 1 ¼ cucharadita de curry en polvo
- 1 taza de mantequilla de anacardo
- ¼ de cucharadita de cardamomo
- 2 cucharadas de aceite de oliva
- 1 cucharadita de sal
- ¼ de taza de anacardos
- 2 cucharadas de albahaca picada
- 2 cucharadas de perejil picado

Direcciones:

1. Tome una cacerola grande, póngala a fuego medio, añada 1 cucharada de aceite y cuando esté caliente, añada las espinacas y cocínelas durante 3 minutos hasta que estén fritas.

2. A continuación, añada la mantequilla y la passata de tomate hasta que esté bien mezclada, lleve la mezcla casi a ebullición, añada las judías y sazone con ¼ de cucharadita de curry en polvo, pimienta negra y sal.

3. Tome una cacerola pequeña, póngala a fuego medio, añada el aceite restante, incorpore los anacardos, añada la sal y el curry en polvo y cocine durante 4 minutos hasta que se tuesten, reserve hasta que lo necesite.

4. Pasar el guiso cocido a un bol, cubrirlo con los anacardos tostados, la albahaca y el perejil, y servirlo.

Nutrición: Calorías: 242 Cal Grasas: 10,2 g Carbohidratos: 31 g Proteínas: 11 g Fibra: 8,5 g

37. Guiso de coles

Tiempo de preparación: 10 minutos

Tiempo de cocción: 50 minutos

Porciones: 6

Ingredientes:

- 12 onzas de alubias Cannellini cocidas
- 8 onzas de tofu ahumado, firme, en rodajas
- 1 col mediana picada
- 1 cebolla blanca grande, pelada y cortada en juliana
- 2 ½ cucharaditas de ajo picado
- 1 cucharada de pimentón dulce
- 5 cucharadas de pasta de tomate
- 3 cucharaditas de pimentón ahumado
- 1/3 de cucharadita de pimienta negra molida
- 2 cucharaditas de tomillo seco
- 2/3 cucharadita de sal
- ½ cucharadita de cilantro molido
- 3 hojas de laurel
- 4 cucharadas de aceite de oliva
- 1 taza de caldo de verduras

Direcciones:

1. Tome una cacerola grande, colóquela a fuego medio, agregue 3 cucharadas de aceite y cuando esté caliente, agregue la cebolla y el ajo y cocine durante 3 minutos o hasta que se saltee.

2. Añada la col, vierta el agua, cueza a fuego lento durante 10 minutos o hasta que se ablande, luego

añada todas las especias y continúe la cocción durante 30 minutos.

3. Añade las judías y la pasta de tomate, vierte el agua, remueve hasta que se mezclen y cocina durante 15 minutos hasta que estén bien cocidas.

4. Tome una sartén aparte, añada 1 cucharada de aceite y cuando esté caliente, añada las rodajas de tofu y cocínelas durante 5 minutos hasta que se doren por ambos lados.

5. Servir el guiso de col cocida con tofu frito.

Nutrición: Calorías: 182 Cal Grasas: 8,3 g Carbohidratos: 27 g Proteínas: 5,5 g Fibra: 9,4 g

38. Guiso de kimchi

Tiempo de preparación: 10 minutos

Tiempo de cocción: 25 minutos

Porciones: 4

Ingredientes:

- 1 libra de tofu, extrafuerte, prensado, cortado en trozos de 1 pulgada
- 4 tazas de kimchi de col napa, vegano, picado
- 1 cebolla blanca pequeña, pelada y cortada en dados
- 2 tazas de champiñones shiitake en rodajas
- 1 ½ cucharadita de ajo picado
- 2 cucharadas de salsa de soja
- 2 cucharadas de aceite de oliva, divididas
- 4 tazas de caldo de verduras
- 2 cucharadas de cebollas picadas

Direcciones:

1. Coge una olla grande, ponla a fuego medio, añade 1 cucharada de aceite y cuando esté caliente, añade los trozos de tofu en una sola capa y cocínalos durante 10 minutos hasta que se doren por todos los lados.
2. Cuando esté cocido, transfiera los trozos de tofu a un plato, añada el aceite restante a la olla y, cuando esté caliente, añada la cebolla y cocínela durante 5 minutos hasta que esté blanda.
3. Agregue el ajo, cocine durante 1 minuto hasta que esté fragante, agregue el kimchi, continúe cocinando

durante 2 minutos, luego agregue los hongos y vierta el caldo.

4. Cambie el fuego a nivel medio-alto, lleve la mezcla a ebullición, luego cambie el fuego a nivel medio-bajo, y cocine a fuego lento durante 10 minutos hasta que las setas se ablanden.

5. Incorpore el tofu, pruebe para ajustar la sazón y adorne con cebolletas.

6. Servir directamente.

Nutrición: Calorías: 153 Cal Grasas: 8,2 g Carbohidratos: 25 g Proteínas: 8,4 g Fibra: 2,6 g

39. Sopa de lentejas con cacahuetes africana

Tiempo de preparación: 10 minutos

Tiempo de cocción: 25 minutos

Porciones: 3

Ingredientes:

- 1/2 taza de lentejas rojas
- 1/2 cebolla blanca mediana, cortada en rodajas
- 2 tomates medianos, picados
- 1/2 taza de espinacas tiernas
- 1/2 taza de calabacín en rodajas
- 1/2 taza de boniatos en rodajas
- ½ taza de patatas en rodajas
- ½ taza de ramilletes de brócoli
- 2 cucharaditas de ajo picado
- 1 pulgada de jengibre rallado
- 1 cucharada de pasta de tomate
- 1/4 de cucharadita de pimienta negra molida
- 1 cucharadita de sal
- 1 ½ cucharadita de comino molido
- 2 cucharaditas de cilantro molido
- 2 cucharadas de cacahuetes
- 1 cucharadita de mezcla de especias Harissa
- 1 cucharada de sambal oelek
- 1/4 de taza de mantequilla de almendras
- 1 cucharadita de aceite de oliva
- 1 cucharadita de zumo de limón

- 2 ½ tazas de caldo de verduras

Direcciones:

1. Tome una cacerola grande, póngala a fuego medio, añada el aceite y, cuando esté caliente, agregue la cebolla y cocínela durante 5 minutos hasta que esté translúcida.
2. Mientras tanto, ponga los tomates en una batidora, añada el ajo, el jengibre y el sambal oelek junto con todas las especias, y pulse hasta que se hagan puré.
3. Vierta esta mezcla en las cebollas, cocine durante 5 minutos, luego agregue los ingredientes restantes, excepto las espinacas, los cacahuetes y el jugo de limón, y cocine a fuego lento durante 15 minutos.
4. Pruebe para ajustar la sazón, incorpore las espinacas y cocine durante 5 minutos hasta que estén cocidas.
5. Sirva la sopa en tazones, adorne con zumo de lima y cacahuetes y sirva.

Nutrición: Calorías: 411 Cal Grasas: 17 g Carbohidratos: 50 g Proteínas: 20 g Fibra: 18 g

40. Guiso de judías picante

Tiempo de preparación: 5 minutos

Tiempo de cocción: 50 minutos

Porciones: 4

Ingredientes:

- 7 onzas de frijoles de ojo negro cocidos
- 14 onzas de tomates picados
- 2 zanahorias medianas, peladas y cortadas en dados
- 7 onzas de alubias rojas cocidas
- 1 puerro, cortado en dados
- ½ chile picado
- 1 cucharadita de ajo picado
- 1/3 de cucharadita de pimienta negra molida
- 2/3 cucharadita de sal
- 1 cucharadita de chile rojo en polvo
- 1 limón, exprimido
- 3 cucharadas de vino blanco
- 1 cucharada de aceite de oliva
- 1 2/3 tazas de caldo de verduras

Direcciones:

1. Tome una cacerola grande, póngala a fuego medio-alto, añada el aceite y cuando esté caliente, añada los puerros y cocínelos durante 8 minutos o hasta que se ablanden.
2. A continuación, añada las zanahorias, continúe la cocción durante 4 minutos, incorpore el chile y el ajo, vierta el vino y continúe la cocción durante 2 minutos.

3. Añade los tomates, añade el zumo de limón, vierte el caldo y lleva la mezcla a ebullición.
4. Cambie el fuego a nivel medio, cocine a fuego lento durante 35 minutos hasta que el guiso haya espesado, entonces añada las dos alubias junto con el resto de los ingredientes y cocine durante 5 minutos hasta que esté caliente.
5. Servir directamente.

Nutrición: Calorías: 114 Cal Grasas: 1,6 g Carbohidratos: 19 g Proteínas: 6 g Fibra: 8,4 g

41. Ensalada de judías rojas y maíz

Tiempo de preparación: 15 minutos

Tiempo de cocción: 0 minutos

Porciones: 4

Ingredientes

- ¼ de taza de crema de anacardos u otro aderezo para ensaladas
- 1 cucharadita de chile en polvo
- 2 (14,5 onzas) de alubias rojas, enjuagadas y escurridas
- 2 tazas de maíz congelado, descongelado, o 2 tazas de maíz enlatado, escurrido
- 1 taza de farro, cebada o arroz cocido (opcional)
- 8 tazas de lechuga romana picada

Direcciones

1. Alinear 4 tarros de cristal de boca ancha.
2. En un tazón pequeño, bata la crema y el chile en polvo. Vierta 1 cucharada de crema en cada frasco. En cada tarro, añade ¾ de taza de alubias rojas, ½ taza de maíz, ¼ de taza de farro cocido (si lo usas) y 2 tazas de lechuga romana, golpeándola para que quepa en el tarro. Cierra bien las tapas.

Nutrición: Calorías: 303; Grasa: 9g; Proteína: 14g; Carbohidratos: 45g; Fibra: 15g; Azúcar: 6g; Sodio: 654mg

42. Ensalada Tabbouleh

Tiempo de preparación: 15 minutos

Tiempo de cocción: 10 minutos

Porciones: 4

Ingredientes

- 1 taza de cuscús integral
- 1 taza de agua hirviendo
- Ralladura y zumo de 1 limón
- 1 diente de ajo prensado
- Una pizca de sal marina
- 1 cucharada de aceite de oliva o de linaza (opcional)
- ½ pepino, cortado en dados pequeños
- 1 tomate, cortado en dados pequeños
- 1 taza de perejil fresco picado
- ¼ de taza de menta fresca, finamente picada
- 2 cebolletas, finamente picadas
- 4 cucharadas de semillas de girasol (opcional)

Direcciones

1. Poner el cuscús en un bol mediano y cubrirlo con agua hirviendo hasta que todos los granos estén sumergidos. Cubrir el cuenco con un plato o un envoltorio. Reservar.

2. Ponga la ralladura y el zumo de limón en una ensaladera grande y, a continuación, añada el ajo, la sal y el aceite de oliva (si lo utiliza).

3. Poner el pepino, el tomate, el perejil, la menta y las cebolletas en el cuenco y removerlos para cubrirlos con

el aliño. Retira el plato del cuscús y esponja con un tenedor.

4. Añadir el cuscús cocido a las verduras y mezclar.

5. Servir cubierto con las semillas de girasol (si se utilizan).

Nutrición Calorías: 304; Grasa total: 11g; Carbohidratos: 44g; Fibra: 6g; Proteínas: 10g

43. Ensalada toscana de judías blancas

Tiempo de preparación: 10 minutos - tiempo de marinado 30 minutos -

Tiempo de cocción: 25 minutos

Raciones: 2

Ingredientes

Para el aderezo

- 1 cucharada de aceite de oliva
- 2 cucharadas de vinagre balsámico
- 1 cucharadita de cebollino fresco picado, o cebolleta
- 1 diente de ajo, prensado o picado
- 1 cucharada de romero fresco, picado, o 1 cucharadita de seco
- 1 cucharada de orégano fresco picado o 1 cucharadita de orégano seco
- Una pizca de sal marina

Para la ensalada

- 1 (lata de 14 onzas de judías cannellini, escurridas y enjuagadas, o 1½ tazas cocidas
- 6 champiñones, cortados en rodajas finas
- 1 calabacín, cortado en dados
- 2 zanahorias, cortadas en dados
- 2 cucharadas de albahaca fresca picada

Direcciones

1. Prepare el aderezo batiendo todos los ingredientes del aderezo en un bol grande.

2. Mezcle todos los ingredientes de la ensalada con el aderezo. Para obtener el mejor sabor, ponga la ensalada en un recipiente cerrado, agítelo enérgicamente y déjelo marinar de 15 a 30 minutos.

Nutrición Calorías: 360; Grasa total: 8g; Carbohidratos: 68g; Fibra: 15g; Proteínas: 18g

44. Ensalada de quinoa con pepino y cebolla

Tiempo de preparación: 15 minutos

Tiempo de cocción: 20 minutos

Porciones: 4

Ingredientes

- 1½ tazas de quinoa seca, enjuagada y escurrida
- 2¼ tazas de agua
- 1/3 de taza de vinagre de vino blanco
- 2 cucharadas de aceite de oliva virgen extra
- 1 cucharada de eneldo fresco picado
- 1½ cucharaditas de azúcar vegano
- 2 pizcas de sal
- ¼ de cucharadita de pimienta negra recién molida
- 2 tazas de cebollas dulces cortadas en rodajas
- 2 tazas de pepino cortado en dados
- 4 tazas de lechuga rallada

Direcciones

1. En una olla mediana, combinar la quinoa y el agua. Llevar a ebullición.
2. Tapar, reducir el fuego a medio-bajo y cocer a fuego lento de 15 a 20 minutos, hasta que se absorba el agua. Retirar del fuego y dejar reposar durante 5 minutos. Desmenuzar con un tenedor y reservar.
3. Mientras tanto, en un bol pequeño, mezcle el vinagre, el aceite de oliva, el eneldo, el azúcar, la sal y la pimienta. Reservar. En cada uno de los 4 frascos de boca ancha,

añada 2 cucharadas de aderezo, ½ taza de cebolla, ½ taza de pepino, 1 taza de quinoa cocida y 1 taza de lechuga desmenuzada. Cierra bien las tapas.

Nutrición: Calorías: 369; Grasa: 11g; Proteína: 10g; Carbohidratos: 58g; Fibra: 6g; Azúcar: 12g; Sodio: 88mg

45. Ensalada cremosa de col rizada con aguacate

Tiempo de preparación: 10 minutos

Tiempo de cocción: 20 minutos

Porciones: 4

Ingredientes

Para el aderezo

- 1 aguacate, pelado y sin hueso
- 1 cucharada de zumo de limón fresco, o 1 cucharadita de zumo de limón concentrado y 2 cucharaditas de agua
- 1 cucharada de eneldo fresco o seco1 diente de ajo pequeño, prensado
- 1 cebolleta picada
- Una pizca de sal marina
- ¼ de taza de agua

Para la ensalada

- 8 hojas grandes de col rizada
- ½ taza de judías verdes picadas, crudas o ligeramente cocidas al vapor
- 1 taza de tomates cherry cortados por la mitad
- 1 pimiento picado
- 2 cebollas picadas
- 2 tazas de mijo cocido, u otro grano integral cocido, como la quinoa o el arroz integral
- Hummus (opcional)

Direcciones

1. Para hacer el aderezo

2. Poner todos los ingredientes en una batidora o procesador de alimentos. Haga un puré hasta que quede suave, y luego añada agua si es necesario para obtener la consistencia que busca para su aderezo. Pruebe la sazón y añada más sal si es necesario.

3. Para hacer la ensalada

4. Pica la col rizada, quitando los tallos si quieres que tu ensalada sea menos amarga, y luego masajea las hojas con los dedos hasta que se marchite y se humedezca un poco, unos 2 minutos. Puedes usar una pizca de sal si quieres para ayudar a que se ablande. Mezcla la col rizada con las judías verdes, los tomates cherry, el pimiento, las cebolletas, el mijo y el aliño. Coloca la ensalada en los platos y cubre con una cucharada de hummus (si lo usas).

Nutrición Calorías: 225; Grasa total: 7g; Carbohidratos: 37g; Fibra: 7g; Proteínas: 7g

RECETAS DE POSTRES

46. Tarta de queso con chocolate y café con ganache

Tiempo de preparación: 10 minutos

Tiempo de cocción: 40 minutos

Porción: 1 tarta de queso

Ingredientes

La corteza:

- 1¼ tazas de harina de almendra
- ¼ de taza de cacao
- 3 cucharadas de sustituto del azúcar bajo en carbohidratos (como el edulcorante de fruta de monje)
- ¼ de taza de mantequilla

Relleno:

- 16 onzas de queso crema
- 1/3 de taza de sustituto del azúcar bajo en carbohidratos
- 2 huevos grandes
- 2 cucharaditas de extracto de café o ¼ de taza de café fuerte*

Ganache:

- 3 cucharadas de mantequilla
- 1 onza de chocolate para hornear sin azúcar

- 2 cucharadas de sustituto del azúcar bajo en carbohidratos
- ¼ de cucharadita de extracto de vainilla

Direcciones

1. Precaliente el horno a 350°F.
2. Poner la harina de almendras, el cacao, el sustituto del azúcar bajo en carbohidratos y la mantequilla en un bol y mezclar bien para combinarlos
3. Presione la corteza en el fondo y los lados de un molde para tartas.
4. Para el relleno, bata el queso crema y el sustituto del azúcar en un tazón grande con una batidora eléctrica hasta que esté bien mezclado y suave.
5. Añadir los huevos y el extracto de café y mezclar hasta que se integren.
6. Vierta el relleno en la corteza.
7. Hornee hasta que la tarta de queso esté ligeramente movida en el centro, de 35 a 40 minutos.
8. Retirar del horno y dejar que la tarta de queso se enfríe completamente sobre una rejilla a temperatura ambiente.
9. Transfiera al refrigerador y enfríe completamente, de 3 horas a toda la noche.
10. Justo antes de servir, derretir los ingredientes del ganache en el microondas y rociar por encima.
11. Cortar en 8 rebanadas y disfrutar.

*Nota: Se** pueden utilizar unas 2 cucharadas de café instantáneo en lugar del extracto de café.

Nutrición: Por ración (1 rebanada o 1/8 de la receta) Calorías: 423 Grasas totales: 41g Hidratos de carbono: 8g Fibra: 3g Proteínas: 9g Azúcar: 2g

47. Mousse de tarta de queso de calabaza

Tiempo de preparación: 15 minutos

Tiempo de enfriamiento: 1 hora

Tiempo de cocción: 0 minutos

Servir: 10

Ingredientes

- 12 onzas de queso crema, ablandado
- 1 lata (15 oz.) de puré de calabaza sin azúcar
- ½ taza de eritritol para repostería
- 2 cucharaditas de extracto puro de vainilla
- 2 cucharadas de Pumpkin Pie Spice o al gusto
- ¾ de taza de nata líquida

Direcciones

1. En un bol grande, con una batidora de mano eléctrica, bata el queso crema y el puré de calabaza hasta que esté suave y cremoso.
2. Incorporar el eritritol, el extracto de vainilla, la nata líquida y la especia de pastel de calabaza. Mezclar hasta que todos los ingredientes estén bien incorporados.
3. Poner la mezcla en la nevera y enfriar completamente, aproximadamente 1 hora.
4. Para servir, ponga la mousse de calabaza en tarros o tazas y espolvoree canela por encima, si lo desea.

Nutrición: Por ración (½ taza) Calorías: 215 Grasas totales: 18g Hidratos de carbono: 3g Fibra: 1g Proteínas: 3g

48. Bocaditos de queso al limón sin hornear

Tiempo de preparación: 15 minutos

Tiempo de congelación: 20 minutos

Tiempo de cocción: 0 minutos

Porción: 12 bocados de tarta de queso

Ingredientes

Para la corteza:

- 1 taza de anacardos
- 2 cucharadas de sirope de arce sin azúcar Lakanto (o agave)
- Una pizca de sal
- Para el relleno de la tarta de queso:
- 1½ tazas de anacardos
- 6 cucharadas de zumo de limón
- 6 cucharadas de aceite de coco
- ¼ de taza de sirope de arce sin azúcar Lakanto (o agave)
- ½ cucharada de extracto de vainilla
- Hasta ¼ de taza de agua si es necesario para facilitar la mezcla

Direcciones

1. Forrar un mini molde para muffins con 12 forros para muffins y reservar.

2. Para preparar la corteza, añada los anacardos, el sirope y la sal al procesador de alimentos o a la batidora y mézclelos.

3. Coloque la mezcla de la corteza en el fondo de los moldes para muffins y presione con los dedos.

4. Para preparar el relleno, combine en la licuadora todos los ingredientes del relleno. Bata la mezcla hasta que esté suave.

5. Vierta el relleno de la tarta de queso en cada molde para magdalenas.

6. Colocar en el congelador durante al menos 20 minutos.

7. Que lo disfrutes.

Nutrición: Por ración (1 bocado de tarta de queso) Calorías: 205 Grasas totales: 17g Hidratos de carbono: 8g Fibra: 1g Proteínas: 4g Azúcar: 2g

49. Galletas de jengibre

Tiempo de preparación: 10 minutos

Tiempo de cocción: 10-12 minutos

Ración: 24 galletas

Ingredientes

- 2 tazas de harina de almendra
- 1 taza de eritritol
- ¼ de cucharadita de sal
- 2 cucharaditas de jengibre molido
- ¼ de cucharadita de nuez moscada molida
- ¼ de cucharadita de clavo de olor molido
- ½ cucharadita de canela molida
- ¼ de taza de mantequilla sin sal
- 1 huevo grande
- 1 cucharadita de extracto de vainilla

Direcciones

1. Precaliente el horno a 350°F. Forrar una bandeja para hornear con papel pergamino y reservar.
2. Mezclar la harina de almendras, el eritritol, la sal, el jengibre, la nuez moscada, el clavo y la canela en un bol grande; reservar.
3. En un tazón pequeño, mezcle la mantequilla sin sal derretida, el huevo y el extracto de vainilla hasta que estén bien combinados.
4. Mezclar los ingredientes húmedos con los secos. Mezclar con una batidora de mano hasta que se

combinen. La masa de las galletas será ligeramente dura y desmenuzable

5. Con una cuchara para galletas de 1 cucharada o una cuchara medidora, vierta la masa de galletas en la bandeja para hornear preparada y luego aplane la parte superior de cada galleta con los dedos.
6. Hornear durante 10-12 minutos o hasta que estén ligeramente dorados por encima.
7. Deje que las galletas se enfríen en la bandeja del horno durante 5 minutos antes de sacarlas a una rejilla para que se enfríen completamente.
8. Que lo disfrutes.
9. Guárdelo en un recipiente hermético.

Nutrición: Por ración (1 galleta) Calorías: 77,88 Grasas totales: 7,13g Hidratos de carbono: 1,86g Fibra: 1,05g Proteínas: 2,33g

50. Bombas de grasa de arándanos y anacardos

Tiempo de preparación: 10 minutos

Tiempo de congelación: 1 hora

Tiempo de cocción: 0 minutos

Porción: Aproximadamente 30 bombas de grasa

Ingredientes

- 2 tazas de anacardos crudos, hervidos durante 12 minutos o remojados durante 2 horas
- 14 oz. de arándanos frescos o congelados
- 1 taza de aceite de coco
- ½ taza de mantequilla de coco
- ¼ de taza de edulcorante clásico de fruta monje

Direcciones

1. Poner los arándanos congelados en un bol apto para microondas y calentarlos durante 1 minuto, hasta que estén ligeramente calientes. Si utiliza arándanos frescos, caliéntelos en el microondas durante unos 20 segundos, hasta que estén ligeramente calientes.
2. Pasar los arándanos a una batidora; añadir los anacardos, el aceite de coco, la mantequilla de coco y el edulcorante y batir hasta que estén bien combinados.
3. Vierta la mezcla en un bol mediano y colóquelo en el congelador durante 30 minutos.
4. Forrar una bandeja para galletas con papel pergamino.

5. Sacar el bol del congelador y hacer 30 bolitas con la mano.

6. Ponga las bolas en la bandeja de galletas preparada y vuelva a meterlas en el congelador durante 30-40 minutos.

7. Saque las bombas del congelador y disfrútelas.

Nutrición: Por ración (1 bomba de grasa) Calorías: 161 Grasas totales: 14,4g Hidratos de carbono: 7,7g Fibra: 3g Proteínas: 2,2g

CONCLUSIÓN

En general, los vegetarianos son sanos, pero hay algunos nutrientes que los veganos no pueden obtener todo lo que necesitan, como la vitamina B12. Para adquirirlos, tienen que tomar suplementos o alimentos que contengan B12. Además, el problema de los vegetarianos es que su consumo de proteínas tiende a ser bajo. Por esta razón, se debe tener en cuenta una dieta de huevos, queso y productos lácteos. Los vegetarianos también pueden beneficiarse del uso de suplementos de ceto vegetariano de Pure Way Nutrition, así como de Pure Way Protein, que ayuda a la pérdida de peso y al rendimiento en el plan de dieta para deportistas.

Si quieres mantener cualquier plan de dieta, la preparación es la mitad de la batalla ganada. Tienes que preparar la comida que vas a picar durante el día para no tener hambre. Con la dieta ceto, es fácil cansarse de los huevos para el desayuno y es posible que desee algún otro alimento. También te hará sentirte mal o hambriento, así que lleva algo contigo.

Mientras se sigue una dieta cetogénica, es importante que los seguidores consuman suficiente fibra, pero no demasiada, ya que de lo contrario una enzima llamada HMG CoA reductasa, que es una importante enzima metabólica, se reduce permitiendo al hígado una eliminación más eficiente de las cetonas a través de la orina.

La cetosis da lugar a la síntesis de cuerpos cetónicos, que el cuerpo puede utilizar como fuente de combustible alternativa cuando necesita energía adicional.

Las dietas cetogénicas suelen ser bajas en carbohidratos y altas en grasas. Desde la década de 1920, la dieta cetogénica se utiliza en medicina para tratar la epilepsia, sobre todo en niños que no han podido controlar su enfermedad con fármacos. Los pacientes que siguen esta dieta se benefician de tener niveles más estables de azúcares y se ha demostrado que reduce la frecuencia de las convulsiones hasta en un 50%, y la mitad de los pacientes están completamente libres de convulsiones mientras siguen este enfoque para tratar la epilepsia.

Las dietas cetogénicas suelen tener un alto contenido en grasas y proteínas y un bajo contenido en carbohidratos. Una dieta cetogénica puede ayudarle a perder peso convirtiendo su cuerpo en una máquina de quemar grasa, al tiempo que imita el ayuno al extremo. El bajo nivel de carbohidratos de la dieta cetogénica permite que las proteínas se vuelvan más carnosas, lo que provoca cambios en el rendimiento físico a medida que su cuerpo se adapta a su nueva fuente de combustible. La cetosis es una increíble fuente de energía alternativa que permite a su cerebro y a su cuerpo funcionar a sus niveles más altos de energía, sin que le molesten los déficits o los aumentos de energía.

La base de una dieta cetogénica son las proteínas de alta calidad (suficientes para todo el cuerpo), las grasas saludables, cantidades moderadas de verduras, frutas y hortalizas sin almidón. La dieta se divide en comidas que incluyen alimentos ricos en grasas, como aceites y aperitivos envasados. La cetosis se produce cuando el hígado produce pequeñas cantidades de cetonas, que son utilizadas por las células para producir energía. Aunque esta dieta puede utilizarse para perder peso o mejorar el rendimiento deportivo, no ayuda a combatir la diabetes, la hiperlipidemia o las enfermedades cardíacas. La cetosis es una condición metabólica en la que su cuerpo ha transformado la grasa almacenada en su cuerpo en energía.

El libro fácil de

cocina Vegetariana Ceto

Recetas vegetarianas sabrosas y fáciles de hacer para tu dieta ceto

TANIA TORRES GOMEZ

INTRODUCCIÓN

La dieta ceto vegetariana es la respuesta que muchas personas están buscando. Esta forma de comer es una solución sana y natural para perder peso. Un nuevo libro sobre la cocina cetogénica vegetariana ya ha cosechado muchas valoraciones favorables porque permite a cualquiera adoptar este estilo de vida y perder peso, mantener la mente despierta y sentirse bien con lo que come.

Entonces, ¿cuál es el problema de una dieta ceto vegetariana? Muchos veganos se sienten frustrados por no obtener suficiente proteína en sus dietas, pero una dieta vegetariana bien equilibrada y baja en carbohidratos puede proporcionar toda la proteína necesaria que necesitas, siempre y cuando cubras tus necesidades diarias de macronutrientes como los carbohidratos y las grasas.

La dieta ceto vegetariana no es para todo el mundo. Puede que no resulte atractiva para las personas que disfrutan del sabor de la carne, pero cualquiera puede incorporar al menos algunos de los principios de esta forma de comer a su propio estilo de vida. Es fácil encontrar recetas vegetarianas de ceto en Internet y en libros de cocina; sólo hay que saber qué ingredientes son aptos para la ceto y cuáles hay que evitar.

Algunos tipos de proteína, como el polvo de proteína de cáñamo orgánico que contiene el libro de cocina ceto vegetariana, son más limpios que otros.

Este libro le mostrará cómo lograr el equilibrio perfecto de proteínas, grasas y carbohidratos en su dieta para remodelar su cuerpo a cualquier edad.

Empezar una dieta ceto vegetariana no es difícil. Tienes que eliminar todos los carbohidratos, excepto las verduras, y luego calcular la cantidad de proteínas que necesitas comer cada día, así como la grasa necesaria para un cuerpo y un cerebro sanos. Aquí es donde entra en juego el Libro de Cocina Vegetariana Keto. Proporciona una fórmula sencilla que hace que este estilo de alimentación sea fácil de seguir, independientemente de su edad o estado de salud general. La fórmula está diseñada para proporcionar las cantidades de grasas, proteínas y carbohidratos que necesitas para tu peso corporal. Sólo tienes que mezclar los ingredientes y consumirlo como un batido de dieta ceto puro. Es muy sencillo.

La dieta cetogénica también puede ralentizar la progresión de la enfermedad de Alzheimer. Un estudio reciente demostró que la dieta cetogénica, cuando se combina con un aceite MCT (Triglicéridos de Cadena Media), podría mejorar la pérdida de peso y reducir la grasa corporal en ratones con la enfermedad de Alzheimer.

La dieta cetogénica también se utiliza como un tipo de terapia contra el cáncer porque ayuda a reducir la inflamación en el cuerpo. Ha demostrado ser eficaz contra el cáncer de mama, pero también puede ayudar a reducir los síntomas y los efectos secundarios de los tratamientos convencionales contra el cáncer, como la quimioterapia o la radioterapia.

Este libro contiene una serie de recetas que le muestran cómo preparar deliciosos platos veganos de todo el mundo, incluyendo interesantes ensaladas vegetarianas, pastas para untar, verduras salteadas, guisos y mucho más. El enfoque principal de este libro es cómo preparar comidas sin carne que sean irresistibles y deliciosas. Las recetas están dirigidas a cualquier persona que quiera perder peso o mantener su salud a cualquier edad (incluidas las personas mayores que puedan seguir una dieta vegana).

RECETAS PARA EL DESAYUNO

1. Tostadas de piña

Tiempo de preparación: 5-15 minutos

Tiempo de cocción: 55 minutos

Porciones: 4

Ingredientes:

- 2 cucharadas de semillas de lino en polvo + 6 cucharadas de agua
- 1 ½ tazas de leche de almendras sin azúcar
- ½ taza de harina de almendra
- 2 cucharadas de sirope de arce puro + extra para rociar
- 2 pizcas de sal
- ½ cucharada de canela en polvo
- ½ cucharadita de ralladura de limón fresco
- 1 cucharada de zumo de piña fresco
- 8 rebanadas de pan integral

Direcciones:

1. Precaliente el horno a 400 F y engrase ligeramente una rejilla de tostado con aceite de oliva. Ponga a un lado.

2. En un bol mediano, mezclar el polvo de semillas de lino con el agua y dejar que se espese durante 5 a 10 minutos.

3. Batir la leche de almendras, la harina de almendras, el jarabe de arce, la sal, la canela en polvo, la ralladura de limón y el zumo de piña.

4. Sumergir el pan por ambos lados en la mezcla de leche de almendras y dejarlo reposar en un plato de 2 a 3 minutos.

5. Calentar una sartén grande a fuego medio y colocar el pan en la sartén. Cocinar hasta que se dore la parte inferior. Dar la vuelta al pan y seguir cocinando hasta que se dore por el otro lado, 4 minutos en total.

6. Pasar a un plato, rociar un poco de jarabe de arce por encima y servir inmediatamente.

Nutrición: Calorías 294 Grasas 4,7g Carbohidratos 52 0g Proteínas 11. 6g

2. Galletas de desayuno con queso de pimiento

Tiempo de preparación: 5-15 minutos

Tiempo de cocción: 30 minutos

Porciones: 4

Ingredientes:

- 2 tazas de harina de trigo integral
- 2 cucharaditas de polvo de hornear
- 1 cucharadita de sal
- ½ cucharadita de bicarbonato de sodio
- ½ cucharadita de ajo en polvo
- ¼ de cucharadita de pimienta negra
- ¼ de taza de mantequilla vegetal sin sal, fría y cortada en dados de 1/2 pulgada
- ¾ de taza de leche de coco
- 1 taza de queso de anacardo rallado
- 1 (4 oz) tarro de pimientos picados, bien escurridos
- 1 cucharada de mantequilla vegetal derretida sin sal

Direcciones:

1. Precalentar el horno a 450 F y forrar una bandeja para hornear con papel pergamino. Ponga a un lado. En un tazón mediano, mezcle la harina, el polvo de hornear, la sal, el bicarbonato de sodio, el ajo en polvo y la pimienta negra. Añadir la mantequilla fría con una batidora de mano hasta que la mezcla sea del tamaño de unos guisantes pequeños.

2. Verter ¾ de la leche de coco y seguir batiendo. Seguir añadiendo el resto de la leche de coco, una cucharada cada vez, hasta que se forme la masa.

3. Mezclar el queso de anacardo y los pimientos. (Si la masa está demasiado húmeda para manejarla, mezcle un poco más de harina hasta que sea manejable). Colocar la masa en una superficie ligeramente enharinada y aplanar la masa en un espesor de ½ pulgada.

4. Utilice un cortador redondo de 2 ½ pulgadas para cortar trozos de galletas de la masa. Reúna, vuelva a enrollar la masa una vez y continúe cortando galletas. Coloque las galletas en el molde preparado y unte la parte superior con la mantequilla derretida. Hornear durante 12-14 minutos, o hasta que las galletas estén doradas. Enfriar y servir.

Nutrición: Calorías 1009 Grasas 71,8g Carbohidratos 74 8g Proteínas 24. 5g

3. Yogur de nueces y bayas mixtas

Tiempo de preparación: 5-15 minutos

Tiempo de cocción: 10 minutos

Porciones: 4

Ingredientes:

- 4 tazas de leche de almendras Yogur sin lácteos, frío
- 2 cucharadas de jarabe de malta puro
- 2 tazas de bayas mixtas, cortadas por la mitad o picadas
- ¼ de taza de nueces tostadas picadas

Direcciones:

1. En un bol mediano, mezclar el yogur y el jarabe de malta hasta que estén bien combinados. Dividir la mezcla en 4 boles de desayuno.
2. Cubrir con las bayas y las nueces.
3. Disfruta inmediatamente.

Nutrición: Calorías 326 Grasas 14 3g Carbohidratos 38,3g Proteínas 12. 5g

4. Hash browns de coliflor y patata

Tiempo de preparación: 5-15 minutos

Tiempo de cocción: 35 minutos

Porciones: 4

Ingredientes:

- 3 cucharadas de semillas de lino en polvo + 9 cucharadas de agua
- 2 patatas grandes, peladas y ralladas
- 1 cabeza grande de coliflor, enjuagada y triturada
- ½ cebolla blanca rallada
- 1 cucharadita de sal
- 1 cucharada de pimienta negra
- 4 cucharadas de mantequilla vegetal, para freír

Direcciones:

1. En un bol mediano, mezclar el polvo de linaza y el agua. Dejar espesar durante 5 minutos para el huevo de lino.
2. Añadir las patatas, la coliflor, la cebolla, la sal y la pimienta negra al huevo de lino y mezclar hasta que esté bien combinado. Dejar reposar durante 5 minutos para que espese.
3. Trabajando por tandas, derrita 1 cucharada de mantequilla vegetal en una sartén antiadherente y añada 4 cucharadas de la mezcla de patatas fritas a la sartén. Asegúrese de que haya intervalos de 1 a 2 pulgadas entre cada cucharada.

4. Utilizar la cuchara para aplanar la masa y cocinar hasta que se compacte y se dore en la parte inferior, 2 minutos. Dar la vuelta a las patatas fritas y seguir cocinando durante 2 minutos o hasta que las verduras se cocinen y estén doradas. Pasarlas a un plato forrado con papel de cocina para que escurran la grasa.
5. Hacer el resto de las papas fritas con los ingredientes restantes.
6. Servir caliente.

Nutrición: Calorías 265 Grasas 11 9g Carbohidratos 36 7g Proteínas 5. 3g

5. Desayuno Pan Naan con mermelada de mango y azafrán

Tiempo de preparación: 5-15 minutos

Tiempo de cocción: 40 minutos

Porciones: 4

Ingredientes:

Para el pan naan:

- ¾ de taza de harina de almendra
- 1 cucharadita de sal + extra para espolvorear
- 1 cucharadita de polvo de hornear
- 1/3 de taza de aceite de oliva
- 2 tazas de agua hirviendo
- 2 cucharadas de mantequilla vegetal para freír
- Para la mermelada de mango y azafrán:
- 4 tazas de mango picado colmado
- 1 taza de jarabe de arce puro
- 1 limón, exprimido
- Una pizca de azafrán en polvo
- 1 cucharadita de cardamomo en polvo

Direcciones:

1. Para el pan naan:
2. En un bol grande, mezclar la harina de almendras, la sal y la levadura en polvo. Incorporar el aceite de oliva y el agua hirviendo hasta que se forme una masa suave y espesa. Dejar que la masa suba durante 5 minutos.

3. Formar de 6 a 8 bolas con la masa, colocar cada una en un papel de horno y aplanar la masa con las manos.

4. Trabajando por tandas, derretir la mantequilla vegetal en una sartén grande y freír la masa por ambos lados hasta que esté cuajada y dorada por cada lado, 4 minutos por pan. Pasar a un plato y reservar para servir.

5. Para la mermelada de mango y azafrán

6. Añadir los mangos, el sirope de arce, el zumo de limón y 3 cucharadas de agua en una olla mediana y cocinar a fuego medio hasta que hiervan, 5 minutos.

7. Mezclar el azafrán y el cardamomo en polvo y seguir cocinando a fuego lento hasta que los mangos se ablanden.

8. Triturar los mangos con el dorso de la cuchara hasta que quede bastante suave con pequeños trozos de mango en la mermelada.

9. Apagar el fuego y enfriar completamente. Coloque la mermelada en tarros esterilizados y sírvala con el pan naan.

Nutrición: Calorías 766 Grasas 42 7g Carbohidratos 93 8g Proteínas 7. 3g

RECETAS PARA EL ALMUERZO

6. Tarta de aguacate

Tiempo de preparación: 15 minutos

Tiempo de cocción: 30 minutos

Porciones: 6

Ingredientes:

- 1 taza de harina de almendra
- ½ cucharadita de levadura en polvo
- 1 cucharadita de zumo de limón
- 1 cucharadita de pimienta negra molida
- 1 cucharada de aceite de oliva
- ¼ de taza de leche de almendras
- 1 aguacate picado
- 2 tallos de apio medianos
- ½ cebolla blanca picada
- 4 huevos, batidos

Direcciones:

1. En el procesador de alimentos mezcle la harina de almendras, la levadura en polvo, el zumo de limón, la

pimienta negra molida, el aceite de oliva y la leche de almendras.

2. Mezclar hasta obtener una bola de masa blanda.
3. Dejar reposar la bola de masa durante 10 minutos.
4. Mientras tanto, prepara el relleno: pica el tallo de apio y combínalo con el aguacate y la cebolla picada.
5. Cortar la masa en 2 partes.
6. Enrollar cada parte de la masa con la ayuda del rodillo.
7. Colocar la primera parte de la masa en el molde redondo.
8. Colocar el relleno sobre la masa.
9. Enrollar la segunda parte de la masa y cubrir el relleno.
10. Asegurar los bordes de la tarta con la ayuda del tenedor.
11. Pincelar la tarta con agua y llevarla al horno precalentado a 365F.
12. Cocinar la tarta durante 30 minutos o hasta que se dore.
13. Enfriar la tarta hasta que esté a temperatura ambiente.

Valor nutricional/porción: calorías 187, grasa 16,5, fibra 3,5, carbohidratos 6,4, proteínas 5,8

7. Nabo gratinado

Tiempo de preparación: 10 minutos

Tiempo de cocción: 25 minutos

Porciones: 6

Ingredientes:

- 1 cucharada de eneldo picado
- 10 oz de nabo, pelado y picado
- 1 diente de ajo picado
- 1 cebolla blanca, cortada en dados
- 1 taza de crema de leche
- 8 oz de queso Cheddar
- 1 cucharadita de pimienta blanca
- 1 cucharadita de aceite de oliva

Direcciones:

1. Untar la sartén para gratinar con aceite de oliva.
2. A continuación, mezcle el queso rallado y el eneldo picado.
3. Poner la capa de nabo picado en la sartén para gratinar y espolvorear por encima la cebolla y el ajo picados.
4. Añade la pimienta blanca y el queso.
5. Vierta la crema espesa sobre el gratinado.
6. Precalentar el horno a 365F.
7. Cocinar el gratinado durante 25 minutos.
8. Cuando el gratinado esté cocido, utiliza el soplete de cocina para hacer la corteza crujiente.

Valor nutricional/porción: calorías 251, grasa 20,8, fibra 1,4, carbohidratos 6,5, proteínas 10,6

8. Gnocchi

Tiempo de preparación: 10 minutos

Tiempo de cocción: 5 minutos

Raciones: 2

Ingredientes:

- 7 oz de mozzarella
- 2 yemas de huevo
- 1 cucharadita de perejil seco
- 1 cucharada de aceite de oliva

Direcciones:

1. Rallar el queso Mozzarella y ponerlo en el bol.
2. Derretir el queso en el microondas.
3. A continuación, se remueve constantemente y se añaden las yemas de huevo poco a poco.
4. Cuando la mezcla sea homogénea, añadir el perejil seco. Removerlo.
5. Haz los troncos largos con la mezcla de queso y córtalos en trozos de una pulgada.
6. Presionar cada trozo de queso con un tenedor suavemente.
7. Precalentar el aceite de oliva en la sartén.
8. Poner los trozos de queso en el aceite caliente y cocinarlos durante 30 segundos por cada lado o hasta que estén ligeramente dorados.

Valor nutricional/porción: calorías 394, grasa 29, fibra 0, carbohidratos 4,2, proteínas 30,7

9. Sopa de espinacas

Tiempo de preparación: 10 minutos

Tiempo de cocción: 10 minutos

Raciones: 2

Ingredientes:

- 1 ½ taza de leche entera
- 1 cebolla blanca, cortada en dados
- 1 cucharadita de copos de chile
- 1 cucharada de mostaza
- 1 cucharada de aceite de oliva
- 1 cucharadita de sal
- 1 taza de espinacas picadas
- ½ cucharadita de pimienta roja molida

Direcciones:

1. Precalentar bien la cacerola.
2. Vierta el aceite de oliva en el interior y añada la cebolla picada.
3. Empezar a cocinar la cebolla a fuego medio-alto.
4. Añadir las escamas de chile, la sal y la pimienta roja molida.
5. Cocer la cebolla durante 3 minutos.
6. A continuación, añada las espinacas picadas y ½ taza de leche.
7. Cerrar la tapa y cocinar durante 5 minutos.
8. A continuación, añada el resto de la leche entera y bata la mezcla para obtener una textura cremosa.
9. Hervir la sopa durante 2 minutos más.

10. Servir la sopa en los cuencos y añadir la mostaza.

Valor nutricional/porción: calorías 135, grasa 9,8, fibra 1,9, carbohidratos 10,3, proteínas 2,9

10. Pizza de berenjena

Tiempo de preparación: 10 minutos

Tiempo de cocción: 12 minutos

Raciones: 2

Ingredientes:

- 1 berenjena grande
- 1 tomate en rodajas
- 4 oz de Cheddar, rallado
- 2 cucharaditas de aceite de oliva
- ½ cucharadita de sal
- 2 cucharadas de aceitunas
- ¼ de cucharadita de albahaca seca

Direcciones:

1. Cortar la berenjena en rodajas gruesas.
2. Frote cada rebanada con sal y aceite de oliva.
3. Dejar las verduras durante 5 minutos.
4. Precalentar el horno a 365F.
5. Forrar la bandeja con papel de hornear.
6. Colocar las rodajas de berenjena en la bandeja.
7. A continuación, pon las rodajas de tomate sobre las berenjenas.
8. Espolvorearlas con albahaca seca.
9. Cortar las aceitunas en rodajas y ponerlas sobre los tomates.
10. Añade queso rallado.
11. Cocinar las pizzas de berenjena durante 12 minutos o hasta que estén ligeramente doradas.

Valor nutricional/porción: calorías 211, grasa 10, fibra 8,7, carbohidratos 16,3, proteínas 16,4

11. Falafel

Tiempo de preparación: 10 minutos

Tiempo de cocción: 10 minutos

Raciones: 2

Ingredientes:

- 1 huevo batido
- 8 oz de puré de coliflor
- 1 cucharadita de almendras molidas
- ¼ de cucharadita de comino molido
- ¼ de cucharadita de cilantro molido
- 1 cucharadita de pasta de tahina
- 1 cucharadita de aceite de oliva
- 1 cucharada de eneldo seco
- 1 cucharada de harina de almendra
- ½ cucharadita de ajo picado
- 1 cucharada de zumo de limón

Direcciones:

1. Combinar el puré de coliflor con el huevo batido.
2. Añadir las almendras molidas, el comino molido, el cilantro molido y el eneldo seco.
3. Después de esto, añadir el ajo picado y mezclar la mezcla hasta que sea homogénea.
4. Hacer las bolas medianas con la mezcla de coliflor y rebozarlas en la harina de almendras. Presionar el falafel suavemente.
5. Precalentar bien la sartén. Añadir aceite de oliva.

6. Ponga el falafel en la sartén y cocínelo durante 3 minutos por cada lado o hasta que se dore.
7. Mezclar el zumo de limón y la pasta de tahini.
8. Poner el falafel cocido en el plato y rociar con la salsa de tahina y limón.

Valor nutricional/porción: calorías 188, grasa 13,7, fibra 5, carbohidratos 11,3, proteínas 9,1

12. Tarta de calabacín y ricotta

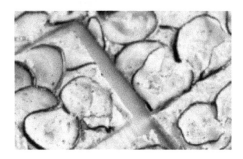

Tiempo de preparación: 25 minutos

Tiempo de cocción: aproximadamente 1 hora

Porción: 8 rebanadas

Ingredientes

Para la corteza:

- 1¾ tazas de harina de almendra
- 1 cucharada de harina de coco
- ½ cucharadita de ajo en polvo
- ¼ de cucharadita de sal
- ¼ de taza de mantequilla derretida

Para el relleno:

- 1 calabacín mediano-grande, cortado en rodajas finas en sentido transversal (utilice una mandolina si tiene una)
- ½ cucharadita de sal
- 8 onzas de ricotta
- 3 huevos grandes

- ¼ de taza de nata para montar
- 2 dientes de ajo picados
- 1 cucharadita de eneldo fresco picado
- Sal y pimienta adicionales al gusto
- ½ taza de parmesano rallado

Direcciones

Para hacer la corteza:

1. Precalentar el horno a 325°F.
2. Rocíe ligeramente un molde de tarta de cerámica o de vidrio de 9 pulgadas con aceite en aerosol.
3. Combinar la harina de almendras, la harina de coco, el ajo en polvo y la sal en un bol grande.
4. Añadir la mantequilla y remover hasta que la masa se asemeje a migas gruesas.
5. Presione la masa suavemente en el molde de la tarta, recortando el exceso.
6. Hornear 15 minutos y luego sacar del horno y dejar enfriar.

Para hacer el relleno:

1. Mientras se hornea la corteza, ponga las rodajas de calabacín en un colador y espolvoree cada capa con un poco de sal. Dejar reposar y escurrir durante 30 minutos.
2. Coloque los calabacines salados entre dos capas de papel de cocina y presione suavemente para eliminar el exceso de agua.

3. Ponga la ricotta, los huevos, la nata para montar, el ajo, el eneldo, la sal y la pimienta en un bol y remueva bien para combinarlos. Añade casi todas las rodajas de calabacín, reservando unas 25-30 para colocarlas encima.
4. Transfiera la mezcla a la corteza enfriada. Cubrir con las rodajas de calabacín restantes, superponiéndolas ligeramente.
5. Espolvorear con queso parmesano.
6. Hornee de 60 a 70 minutos o hasta que el centro ya no se tambalee y un palillo salga limpio.
7. Cortar en rodajas y servir.

Datos nutricionales Por porción (1 rebanada) Calorías: 302 Grasas totales: 25,2g Hidratos de carbono: 7,9g Fibra: 3,1g Proteínas: 12,4g

13. Fideos de berenjena con tofu de sésamo

Tiempo de preparación: 25 minutos

Tiempo de cocción: unos 20-22 minutos

Porción: 4

Ingredientes

- 1 libra de tofu firme
- 1 taza de cilantro picado
- 3 cucharadas de vinagre de arroz
- 4 cucharadas de aceite de sésamo tostado
- 2 dientes de ajo finamente picados
- 1 cucharadita de copos de pimienta roja triturados
- 2 cucharaditas de confitería Swerve
- 1 berenjena entera
- 1 cucharada de aceite de oliva
- Sal y pimienta al gusto
- ¼ de taza de semillas de sésamo
- ¼ de taza de salsa de soja

Direcciones

1. Precalentar el horno a 200°F.
2. Saque el bloque de tofu del envase. Envuelva el tofu en un paño de cocina o papel de cocina y coloque un objeto pesado encima, como una sartén o una lata (como alternativa, puede utilizar una prensa para tofu). Deje que el tofu se escurra durante al menos 15 minutos.

3. En un bol grande, añada ¼ de taza de cilantro, 3 cucharadas de vinagre de arroz, 2 cucharadas de aceite de sésamo tostado, el ajo picado, los copos de pimienta roja triturados y Swerve; bátalo todo.

4. Pele y corte la berenjena en juliana. Puedes cortarla en juliana a mano, o puedes utilizar una mandolina con un accesorio para cortar en juliana la berenjena en fideos finos.

5. Añada la berenjena en el bol con la marinada; remuévala para cubrirla.

6. Poner una sartén a fuego medio-bajo y añadir aceite de oliva. Una vez que el aceite esté caliente, añada la berenjena y cocínela hasta que se ablande. La berenjena absorberá todos los líquidos, así que si tiene problemas para que se pegue a la sartén, no dude en añadir un poco más de aceite de sésamo o de oliva. Sólo asegúrese de ajustar su seguimiento nutricional.

7. Apaga el horno. Añade el resto del cilantro a la berenjena y coloca los fideos en una fuente de horno. Cúbrelos con una tapa o papel de aluminio y mételos en el horno para mantenerlos calientes.

8. Vierta la grasa de la sartén y limpie la sartén con toallas de papel. Vuelva a ponerla en el fuego para que se caliente de nuevo.

9. Desenvuelve el tofu y córtalo en 8 rodajas. Esparza las semillas de sésamo en un plato grande. Presione ambos lados de cada rebanada de tofu en las semillas de sésamo para cubrirlas uniformemente. Pásalo a un plato.

10. Vierta 2 cucharadas de aceite de sésamo en la sartén.

11. Coloca las rodajas de tofu en una sola capa en la sartén y cocínalas a fuego medio-bajo durante unos 5 minutos o hasta que empiecen a estar crujientes. Con una espátula, dales la vuelta con cuidado y cocina unos 5 minutos por el otro lado.

12. Vierte ¼ de taza de salsa de soja en la sartén y cubre los trozos de tofu. Cocinar hasta que los trozos de tofu se vean dorados y caramelizados con la salsa de soja.

13. Para servir, sacar los fideos de berenjena del horno, repartirlos en los platos y colocar el tofu encima.

Información nutricional por ración (¼ de receta) Calorías: 293 Grasas totales: 24,4g Hidratos de carbono: 12,2g Fibra: 5,3g Proteínas: 11g

14. Quiche de queso sin corteza

Tiempo de preparación: 30 minutos

Tiempo de cocción: 1 hora

Porción: 6 rebanadas

Ingredientes

- 6 tomates Roma pequeños
- ½ taza de cebolla verde cortada en rodajas finas
- 6 huevos grandes, batidos
- ¼ de cucharadita de mezcla de hierbas italianas
- ½ cucharadita de condimento para espigas (opcional pero recomendado)
- ½ taza de mitad y mitad
- 1 taza de requesón
- 2 tazas de queso suizo rallado
- ¼ de taza de queso parmesano finamente rallado
- ¼ de taza de albahaca cortada en rodajas finas
- Sal y pimienta negra recién molida al gusto

Direcciones

1. Precaliente el horno a 350°F. Cubre un molde para tartas de vidrio o de loza de 9-10" con spray antiadherente.
2. Cortar 3 tomates Roma pequeños por la mitad a lo largo y sacar las semillas. Seque el interior con papel de cocina y pique los tomates.
3. Rompa los huevos en un bol grande, añada la mitad y la mitad, la mezcla de hierbas italianas, los

condimentos Spike, la sal y la pimienta. Bata hasta que se combinen.

4. Incorpore el requesón, el queso suizo, el queso parmesano, los tomates picados y la cebolla verde.

5. Verter en el molde preparado y hornear durante 30 minutos.

6. Mientras tanto, corte en rodajas finas los 3 tomates pequeños restantes y póngalos en un plato entre capas de papel de cocina. Presione suavemente para ayudar a sacar la humedad.

7. Transcurridos 30 minutos, retire la quiche del horno y distribuya los tomates en rodajas y la albahaca en rodajas por encima de la quiche.

8. Vuelva a meterlo en el horno y hornéelo 30 minutos más o un poco más si el centro no parece estar lo suficientemente cuajado.

9. Ponga el horno en el modo de asar y cocine durante uno o dos minutos hasta que se dore. Pero manténgase atento para que la albahaca no se queme.

10. Dejar reposar la quiche durante 5-10 minutos antes de cortarla.

11. Servir caliente o a temperatura ambiente.

Datos nutricionales por porción (1 rebanada) | Calorías: 301 | Grasas totales: 20g | Carbohidratos: 8g | Fibra: 1g | Proteínas: 23g | Azúcar: 4g

15. <u>Hash Browns de colinabo</u>

Tiempo de preparación: 20 minutos

Tiempo de cocción: 10 minutos

Porción: 6

Ingredientes

- 1 colinabo grande (aproximadamente 1 libra)
- ¼ de taza de queso parmesano finamente rallado
- 1½ cucharaditas de cebolla picada seca
- ½ cucharadita de sal marina
- ¼ de cucharadita de pimienta negra
- 3 cucharadas de aceite de aguacate (o su aceite preferido que tolere el calor)

Direcciones

1. Pelar la piel exterior del colinabo. Cortar en unos 8 trozos iguales.
2. Poner a hervir una olla mediana con agua salada. Añade los nabos pelados y picados y cuécelos a fuego medio-alto durante 10 minutos.
3. Poner los trozos de colinabo en un colador o en un escurridor y enjuagarlos bajo el chorro de agua fría y secarlos con unas toallas de papel.
4. Rallar los colinabos con un rallador o con un robot de cocina equipado con una cuchilla para rallar.
5. Añade el queso parmesano y la cebolla picada al colinabo rallado, sazona con sal y pimienta y mezcla para combinar.

6. Poner una sartén grande a fuego medio-bajo y añadir aproximadamente 1 cucharada de aceite. Una vez que el aceite esté caliente, añada el colinabo rallado y cocínelo, trabajando por tandas, hasta que esté crujiente y dorado por un lado, de 3 a 4 minutos. Si lo desea, presione suavemente la capa con una espátula. A continuación, utilice una espátula para dar la vuelta a los colinabos. Siga cocinando hasta que estén dorados por debajo, unos 3 minutos.
7. Servir inmediatamente.

Datos nutricionales Por porción (aproximadamente ½ taza) Calorías: 114 Grasas totales: 8g Hidratos de carbono: 7g Fibra: 2g Proteínas: 3g

16. Espaguetis al horno dos veces

Tiempo de preparación: 15 minutos

Tiempo de cocción: 55 minutos

Porción: 6

Ingredientes

- 2 libras de espaguetis
- 1 cucharada de aceite de oliva
- ¾ de taza de queso pecorino romano rallado (o parmesano)
- 1 taza de queso mozzarella rallado
- 1 cucharadita de cebolla en polvo
- 1 cucharada de mantequilla
- 2 cucharadas de hojas de tomillo fresco
- 3 dientes de ajo picados
- ½ cucharadita de sal
- ¼ de cucharadita de pimienta

Direcciones

1. Precalentar el horno a 400°F.
2. Utiliza un tenedor para hacer algunos agujeros alrededor de los espaguetis. Poner en el microondas y cocinar durante un minuto para ablandar un poco.
3. En una tabla de cortar, cortar el extremo de la calabaza y luego cortarla por la mitad a lo largo. Utilice una cuchara para raspar la pulpa y las semillas. Frote la superficie interior con aceite de oliva.
4. Coloque cada pieza de calabaza, con el lado cortado hacia abajo, en la bandeja para hornear.

5. Hornear 40-50 minutos o hasta que se haya ablandado con un tenedor.

6. Deje que se enfríe un poco y luego utilice un tenedor para retirar todas las hebras de espaguetis de calabaza en un bol para mezclar.

7. Poner el queso pecorino romano y el queso mozzarella en un plato pequeño y añadir la MITAD de la mezcla de queso al bol con la calabaza. Añada la mantequilla, el ajo picado, la cebolla en polvo, el tomillo fresco, la sal y la pimienta. Con un tenedor, aplaste y mezcle bien para combinar todo con la pulpa de la calabaza.

8. Vuelva a colocar esta mezcla de calabaza en las pieles en una bandeja para hornear.

9. Espolvorear la parte superior con el resto de la mezcla de queso y volver a meter en el horno. Asar 5-6 minutos o hasta que el queso se derrita y comience a dorarse.

10. Servir caliente.

Datos nutricionales Por porción (aproximadamente ½ taza) Calorías: 173 Grasas totales: 12g Hidratos de carbono: 10g Fibra: 2g

RECETAS PARA VEGANOS Y VERDURAS

17. Pimientos rellenos de atún

Tiempo de preparación: 10 minutos

Tiempo de cocción: 10 minutos

Porciones: 4

Ingredientes:

- 2 pimientos morrones, sin la parte superior, cortados por la mitad y sin semillas
- 1 cucharada de alcaparras picadas
- 2 cucharadas de puré de tomate
- 4 onzas de salmón cocido
- 1 cebolleta picada
- 1 tomate picado
- Pimienta negra al gusto

Direcciones:

1. Coloque las mitades de los pimientos en una bandeja para hornear forrada, colóquelas bajo la parrilla precalentada a fuego medio-alto, áselas durante 4 minutos y luego déjelas a un lado para que se enfríen.
2. Mientras tanto, en un bol, mezclar las alcaparras con el puré de tomate, el salmón, el tomate, la pimienta negra y la cebolleta y remover bien.

3. Rellene los pimientos con esta mezcla, colóquelos de nuevo bajo la parrilla precalentada y cocínelos durante 5 minutos.
4. Repartir en los platos y servir.
5. Que lo disfrutes.

Valor nutricional/porción: calorías 64, grasa 2, fibra 1,3, carbohidratos 6,2, proteínas 6,5

18. Pimientos rellenos de hígado

Tiempo de preparación: 10 minutos

Tiempo de cocción: 15 minutos

Porciones: 4

Ingredientes:

- 3 chalotas pequeñas, peladas y picadas
- 1 cebolla blanca picada
- ½ libra de hígados de pollo, picados
- 4 dientes de ajo picados
- 4 pimientos morrones, con la parte superior cortada y sin semillas
- Una pizca de sal marina
- Pimienta negra al gusto
- ½ cucharadita de ralladura de limón
- ¼ de cucharadita de tomillo picado
- ¼ de cucharadita de eneldo picado
- Un chorrito de aceite de oliva
- Un puñado de perejil picado

Direcciones:

1. Calentar una sartén a fuego medio, añadir las chalotas picadas y remover durante 5 minutos.
2. Añadir la cebolla y el ajo, remover y cocinar durante 2 minutos.
3. Añadir los hígados, una pizca de sal y pimienta negra, remover, cocinar durante 5 minutos y retirar del fuego.
4. Páselo a un procesador de alimentos, mézclelo bien, páselo a un bol y déjelo reposar durante 10 minutos.

5. Añade el tomillo, el aceite, el perejil, la ralladura de limón y el eneldo, remueve bien y rellena cada pimiento con esta mezcla.
6. Servir enseguida.
7. Que lo disfrutes.

Valor nutricional/porción: calorías 188, grasa 7,6, fibra 2,5, carbohidratos 15,6, proteínas 16,1

19. Berenjena al horno

Tiempo de preparación: 10 minutos

Tiempo de cocción: 30 minutos

Porciones: 3

Ingredientes:

- 2 berenjenas, cortadas en rodajas
- Una pizca de sal marina
- Pimienta negra al gusto
- 1 taza de almendras molidas
- 1 cucharadita de ajo picado
- 2 cucharaditas de aceite de oliva

Direcciones:

1. Engrasar una fuente de horno con un poco del aceite y disponer las rodajas de berenjena en ella.
2. Condimentarlas con una pizca de sal y un poco de pimienta negra y dejarlas reposar durante 10 minutos.
3. En un procesador de alimentos, mezcle las almendras con el resto del aceite, el ajo, una pizca de sal y pimienta negra y mezcle bien.
4. Extienda esto sobre las rodajas de berenjena, colóquelas en el horno a 425 grados F y hornéelas durante 30 minutos.
5. Repartir en los platos y servir.
6. Que lo disfrutes.

Valor nutricional/porción: calorías 303, grasa 19,6, fibra 16,9, carbohidratos 28,6, proteínas 10,3

20. Mezcla de berenjenas

Tiempo de preparación: 10 minutos

Tiempo de cocción: 40 minutos

Porciones: 3

Ingredientes:

- 5 berenjenas medianas, cortadas en rodajas
- 1 cucharadita de tomillo picado
- 2 cucharadas de vinagre balsámico
- 1 cucharadita de mostaza
- 2 dientes de ajo picados
- ½ taza de aceite de oliva
- Pimienta negra al gusto
- Una pizca de sal marina
- 1 cucharadita de jarabe de arce

Direcciones:

1. En un bol, mezclar el vinagre con el tomillo, la mostaza, el ajo, el aceite, la sal, la pimienta y el jarabe de arce y batir muy bien.
2. Coloque la berenjena redonda en una bandeja para hornear forrada, colóquela en el horno a 425 grados F y ásela durante 40 minutos.
3. Repartir las berenjenas en los platos y servir.
4. Que lo disfrutes.

Valor nutricional/porción: calorías 533, grasa 35,6, fibra 32,6, carbohidratos 56,5, proteínas 9,4

21. Cazuela de berenjenas

Tiempo de preparación: 10 minutos

Tiempo de cocción: 50 minutos

Porciones: 4

Ingredientes:

- 2 berenjenas, cortadas en rodajas
- 3 cucharadas de aceite de oliva
- 1 libra de carne de vacuno molida
- 1 diente de ajo picado
- ¾ de taza de salsa de tomate
- ½ manojo de albahaca picada
- Una pizca de sal marina
- Pimienta negra al gusto

Direcciones:

1. Caliente una sartén con 1 cucharada de aceite a fuego medio-alto, añada las rodajas de berenjena, cocínelas durante 5 minutos por cada lado, páselas a papel absorbente, escurra la grasa y déjelas aparte.
2. Calentar otra sartén con el resto del aceite a fuego medio-alto, añadir el ajo, remover y cocinar durante 1 minuto.
3. Añade la carne, remueve y cocina 5 minutos más.
4. Añadir la salsa de tomate, remover y cocinar durante 5 minutos más.
5. Añadir una pizca de sal marina y pimienta negra, remover, retirar del fuego y mezclar con la albahaca.

6. Colocar una capa de rodajas de berenjena en una fuente de horno, añadir una capa de mezcla de carne y repetir con el resto de las rodajas de berenjena y la carne.
7. Colocar en el horno a 350 grados F y hornear durante 30 minutos.
8. Dejar enfriar la cazuela de berenjenas, cortar en rodajas y servir.
9. Que lo disfrutes.

Valor nutricional/porción: calorías 382, grasa 18,2, fibra 10,4, carbohidratos 18,9, proteínas 37,8

PLATO LATERAL

22. Patatas fritas

Tiempo de preparación: 8 minutos

Tiempo de cocción: 15 minutos

Porciones: 5

Ingredientes:

- 3 tazas de Jicama frita
- 1 cucharadita de cebolla en polvo
- 1 cucharadita de ajo en polvo
- 1 cucharadita de cúrcuma
- 1 cucharadita de pimentón ahumado
- ½ cucharadita de sal
- 3 cucharadas de aceite de aguacate

Direcciones:

1. Coloque las papas fritas de Jicama en el tazón de la mezcla.
2. Añada la cebolla en polvo, el ajo en polvo, la cúrcuma y el pimentón ahumado.
3. A continuación, añada la sal y agite la mezcla hasta que sea homogénea.
4. Precalentar el horno a 365F.
5. Haz la capa de Jicama frita en la bandeja y rocía el aceite de aguacate. Utiliza 2 bandejas si es necesario.

6. Colocar la bandeja en el horno y hornear las patatas fritas durante 15 minutos o hasta que estén ligeramente doradas.

Valor nutricional/porción: calorías 45, grasa 1,2, fibra 4,2, carbohidratos 8,1, proteínas 0,9

23. Espinacas a la crema

Tiempo de preparación: 8 minutos

Tiempo de cocción: 15 minutos

Porciones: 4

Ingredientes:

- 3 tazas de espinacas
- 1 taza de crema de leche
- 1 cucharadita de sal
- ½ cucharadita de ajo picado
- 4 oz de queso Provolone

Direcciones:

1. Picar las espinacas y ponerlas en una cacerola.
2. Añadir sal y ajo picado.
3. Verter la nata espesa en las espinacas, remover suavemente, cerrar la tapa y cocer a fuego lento durante 10 minutos. Remover de vez en cuando.
4. Mientras tanto, desmenuza el queso.
5. Añadir el queso rallado en la cacerola y remover hasta que esté homogéneo.
6. Retirar la cacerola del fuego y dejarla reposar durante 5 minutos.

Valor nutricional/porción: calorías 209, grasa 18,7, fibra 0,5, carbohidratos 2,4, proteínas 8,5

24. Rábano de eneldo

Tiempo de preparación: 10 minutos

Tiempo de cocción: 15 minutos

Porciones: 4

Ingredientes:

- 2 tazas de rábano
- 1 cucharada de aceite de coco
- 1 cucharadita de sal
- ¼ de taza de leche de coco
- 2 cucharadas de eneldo seco

Direcciones:

1. Lavar y recortar el rábano.
2. A continuación, córtalas en mitades y espolvoréalas con sal, leche de coco, aceite de coco y eneldo seco.
3. Mezclar el rábano con cuidado.
4. Colocar el rábano en la bandeja en una sola capa.
5. Precalentar el horno a 350F y poner la bandeja dentro.
6. Cocinar el rábano durante 15 minutos o hasta que los bordes del rábano empiecen a estar ligeramente dorados.

Valor nutricional/porción: calorías 77, grasa 7,1, fibra 1,5, carbohidratos 3,7, proteínas 1

25. Arroz al curry

Tiempo de preparación: 5 minutos

Tiempo de cocción: 15 minutos

Raciones: 2

Ingredientes:

- 1 cucharada de pasta de curry
- ½ libra de coliflor, triturada
- 1 cucharadita de sal
- 1 cucharada de mantequilla de almendras
- 1 taza de agua

Direcciones:

1. Vierta agua en la cacerola.
2. Añade todos los ingredientes restantes y cierra la tapa.
3. Cocer el arroz durante 15 minutos.
4. A continuación, cuele el arroz y páselo a los cuencos de servicio.

Valor nutricional/porción: calorías 128, grasa 9, fibra 3,6, carbohidratos 9,6, proteínas 4,3

26. Alcachofas al ajillo

Tiempo de preparación: 5 minutos

Tiempo de cocción: 15 minutos

Raciones: 2

Ingredientes:

- 1 cucharadita de ajo picado
- 2 alcachofas recortadas
- ½ cucharadita de sal
- 1 cucharada de aceite de canola

Direcciones:

1. Frote las alcachofas con ajo picado, sal y aceite de canola.
2. Colocar las verduras en la sartén.
3. Transfiera el molde en el horno precalentado a 350F.
4. Cocine la guarnición durante 15 minutos. Las alcachofas cocidas deben estar tiernas pero no blandas.

Valor nutricional/porción: calorías 124, grasa 7,2, fibra 6,9, carbohidratos 14, proteínas 4,3

27. Fideos cremosos con chirivía y secado al sol

Tiempo de preparación: 35 minutos

Tiempo de cocción: 25 minutos

Porción: 4

Ingredientes:

- 3 cucharadas de mantequilla
- 1 libra de tofu, cortado en tiras
- Sal y pimienta negra al gusto
- 4 chirivías grandes, peladas y cortadas en C
- 1 taza de tomates secos en aceite, picados
- 4 dientes de ajo picados
- 1 ¼ de taza de crema de coco
- 1 taza de queso parmesano rallado
- ¼ de cucharadita de albahaca seca
- ¼ cucharadita de copos de chile rojo
- 2 cucharadas de perejil fresco picado para decorar

Direcciones:

1. Derrita una cucharada de mantequilla en una sartén grande, sazone el tofu con sal y pimienta negra y cocínelo en la mantequilla hasta que se dore y se cocine por dentro, de 8 a 10 minutos.

2. En otra sartén mediana, derrita la mantequilla restante y saltee las chirivías hasta que se ablanden, de 5 a 7 minutos. Reservar.
3. Incorpore los tomates secos y el ajo al tofu, y cocine hasta que estén fragantes, 1 minuto.
4. Reduce el fuego a bajo y añade la crema de coco y el queso parmesano. Cocine a fuego lento hasta que el queso se derrita. Sazone con la sal, la albahaca y las hojuelas de chile rojo.
5. Incorpore las chirivías hasta que estén bien cubiertas y cocine durante 2 minutos más.
6. Colocar la comida en los platos, decorar con el perejil y servir caliente.

Nutrición: Calorías: 224, Grasa total: 20,4 g, Grasa saturada: 12,2 g, Carbohidratos totales: 1 g, Fibra dietética: 0 g, Azúcar: 1 g, Proteínas: 9 g, Sodio: 556 mg

28. Keto Vegan Bacon Carbonara

Tiempo de preparación: 30 minutos + tiempo de enfriamiento durante la noche

Tiempo de cocción: 45 minutos

Tamaño de la porción: 4

Ingredientes:

Para la pasta keto:

- 1 taza de queso mozzarella rallado
- 1 yema de huevo grande

Para la carbonara:

- 4 rebanadas de tocino vegano, picadas
- 1¼ tazas de crema batida de coco
- ¼ de taza de mayonesa
- Sal y pimienta negra al gusto
- 4 yemas de huevo
- 1 taza de queso parmesano rallado + más para decorar

Direcciones:

Para la pasta:

1. Vierta el queso en un recipiente mediano para microondas y derrítalo en el microondas durante 35 minutos o hasta que se derrita.
2. Sacar el bol y dejar que se enfríe durante 1 minuto sólo para calentar el queso pero sin que se enfríe del todo. Mezclar la yema de huevo hasta que esté bien combinada.

3. Coloque un papel de pergamino en una superficie plana, vierta la mezcla de queso encima y cubra con otro papel de pergamino. Con un rodillo, aplane la masa hasta obtener un grosor de 1/8 de pulgada.

4. Quitar el papel de pergamino y cortar la masa en finas tiras de espaguetis. Colocar en un bol y refrigerar durante la noche.

5. Cuando esté listo para cocinar, ponga 2 tazas de agua a hervir en una cacerola mediana y añada la pasta.

6. Cocer de 40 segundos a 1 minuto y escurrir en un colador. Deja correr agua fría sobre la pasta y resérvala para que se enfríe.

Para la carbonara:

1. Añade el bacon vegano a una sartén mediana y cocínalo a fuego medio hasta que esté crujiente, 5 minutos. Reservar.

2. Vierta la crema batida de coco en una olla grande y déjela cocer a fuego lento de 3 a 5 minutos.

3. Bata la mayonesa y sazone con la sal y la pimienta negra. Cocinar durante 1 minuto y verter 2 cucharadas de la mezcla en un bol mediano. Dejar enfriar y mezclar con las yemas de huevo.

4. Vierta la mezcla en la olla y mézclela rápidamente hasta que esté bien combinada. Incorpore el queso parmesano para que se derrita y añada la pasta.

5. Colocar la mezcla en cuencos para servir y decorar con más queso parmesano. Cocine durante 1 minuto para calentar la pasta.

6. Servir inmediatamente.

Nutrición: Calorías: 456, Grasa total: 38,2 g, Grasa saturada: 14,7 g, Carbohidratos totales: 13 g, Fibra dietética: 3 g, Azúcar: 8 g, Proteínas: 16 g, Sodio: 604 mg

29. Seitan Lo Mein

Tiempo de preparación: 25 minutos + tiempo de enfriamiento

Tiempo de cocción: 50 minutos

Tamaño de la porción: 4

Ingredientes:

Para la pasta keto:

- 1 taza de queso mozzarella rallado
- 1 yema de huevo

Para el seitán y las verduras:

- 1 cucharada de aceite de sésamo
- 3 seitán, cortado en tiras de ¼ de pulgada
- Sal y pimienta negra al gusto
- 1 pimiento rojo sin pepitas y cortado en rodajas finas
- 1 pimiento amarillo sin pepitas y cortado en rodajas finas
- 1 taza de judías verdes, recortadas y cortadas por la mitad
- 1 diente de ajo picado
- Un trozo de jengibre de una pulgada, pelado y rallado
- 4 cebollas verdes picadas

- 1 cucharadita de semillas de sésamo tostadas para decorar

Para la salsa:

- 3 cucharadas de aminos de coco
- 2 cucharaditas de aceite de sésamo
- 2 cucharaditas de jarabe de arce sin azúcar
- 1 cucharadita de pasta de jengibre fresco

Direcciones:

Para la pasta:

1. Vierta el queso en un recipiente mediano para microondas y derrítalo en el microondas durante 35 minutos o hasta que se derrita.
2. Sacar el bol y dejar que se enfríe durante 1 minuto sólo para calentar el queso pero sin que se enfríe del todo. Mezclar la yema de huevo hasta que esté bien combinada.
3. Coloque un papel de pergamino en una superficie plana, vierta la mezcla de queso encima y cubra con otro papel de pergamino. Con un rodillo, aplane la masa hasta obtener un grosor de 1/8 de pulgada.
4. Quitar el papel de pergamino y cortar la masa en finas tiras de espaguetis. Colocar en un bol y refrigerar durante la noche.
5. Cuando esté listo para cocinar, ponga 2 tazas de agua a hervir en una cacerola mediana y añada la pasta. Cocer de 40 segundos a 1 minuto y escurrir en un colador.

Deja correr el agua fría sobre la pasta y apártala para que se enfríe.

6. Para el seitán y las verduras:
7. Calentar el aceite de sésamo en una sartén grande, sazonar el seitán con sal y pimienta negra y dorarlo en el aceite por ambos lados hasta que se dore, 5 minutos. Pasar a un plato y reservar.
8. Incorpore los pimientos, las judías verdes y cocine hasta que suden, 3 minutos. Incorpore el ajo, el jengibre, las cebollas verdes y cocine hasta que estén fragantes, 1 minuto.
9. Añadir el seitán y la pasta a la sartén y mezclar bien.
10. En un bol pequeño, mezcle los ingredientes de la salsa: los aminos de coco, el aceite de sésamo, el jarabe de arce y la pasta de jengibre.
11. Vierta la mezcla sobre la mezcla de seitán y mezcle bien; cocine durante 1 minuto.
12. Colocar la comida en los platos y decorar con las semillas de sésamo. Servir caliente.

Nutrición: Calorías:273, Grasa total:20g, Grasa saturada:11,6g, Carbohidratos totales:6g, Fibra dietética:1g, Azúcar:4g, Proteínas:17g, Sodio:931mg

30. Pasta y queso con setas

Tiempo de preparación: 1 hora y 45 minutos + tiempo de enfriamiento

Tiempo de cocción: 1 hora y 10 minutos

Tamaño de la porción: 4

Ingredientes:

Para los macarrones keto:

- 1 taza de queso mozzarella rallado
- 1 yema de huevo

Para los macarrones con queso de setas:

- 2 cucharadas de aceite de oliva
- 1 libra de setas
- Sal y pimienta negra al gusto
- 1 cucharadita de tomillo seco
- 1 taza de caldo de verduras
- 2 cucharadas de mantequilla
- 2 chalotas medianas, picadas
- 2 dientes de ajo picados
- 1 taza de agua
- 1 taza de queso cheddar rallado
- 4 oz de queso crema sin leche, a temperatura ambiente
- 1 taza de crema de coco
- ½ cucharadita de pimienta blanca
- ½ cucharadita de nuez moscada en polvo
- 2 cucharadas de perejil picado

Direcciones:

Para los macarrones keto:

1. Vierta el queso en un recipiente mediano para microondas y derrítalo en el microondas durante 35 minutos o hasta que se derrita.

2. Sacar el bol y dejar que se enfríe durante 1 minuto sólo para calentar el queso pero sin que se enfríe del todo. Mezclar la yema de huevo hasta que esté bien combinada.

3. Coloque un papel de pergamino en una superficie plana, vierta la mezcla de queso encima y cubra con otro papel de pergamino. Con un rodillo, aplane la masa hasta obtener un grosor de 1/8 de pulgada.

4. Quitar el papel de pergamino y cortar la masa en pequeños cubos del tamaño de los macarrones. Colócalos en un bol y refrigéralos toda la noche.

5. Cuando esté listo para cocinar, ponga 2 tazas de agua a hervir en una cacerola mediana y añada los macarrones keto. Cocer de 40 segundos a 1 minuto y escurrir en un colador. Deje correr el agua fría sobre la pasta y apártela para que se enfríe.

Para los macarrones con setas:

6. Calentar el aceite de oliva en una olla grande, sazonar los champiñones con sal, pimienta negra y tomillo, y dorarlos en el aceite por ambos lados. Verter el caldo de verduras, tapar y cocinar a fuego lento durante 15 minutos o hasta que se ablande. Cuando esté listo, saque el champiñón a un plato y resérvelo.

7. Precalentar el horno a 380 F.

8. Derrita la mantequilla en una sartén grande y saltee las chalotas hasta que se ablanden. Incorpore el ajo y cocine hasta que esté fragante, 30 segundos.

9. Vierta el agua para desglasar la olla y, a continuación, añada la mitad del queso cheddar y el queso crema sin leche hasta que se derrita, 4 minutos. Mezcle la crema de coco y sazone con sal, pimienta negra, pimienta blanca y nuez moscada en polvo.

10. Añadir la pasta, los champiñones y la mitad del perejil a la mezcla; combinar bien.

11. Vierta la mezcla en una fuente de horno y cubra la parte superior con el resto del queso cheddar. Hornee en el horno hasta que el queso se derrita y la comida burbujee, de 15 a 20 minutos.

12. Retirar del horno, dejar enfriar 2 minutos y decorar con el perejil.

13. Servir caliente.

Nutrición: Calorías:647, Grasas totales:56,5g, Grasas saturadas:32g, Carbohidratos totales:6g, Fibra dietética:1g, Azúcar:2g, Proteínas:30g, Sodio:609mg

31. Tempeh al pesto y parmesano con pasta verde

Tiempo de preparación: 1 hora 27 minutos

Tiempo de cocción: 1 hora y 20 minutos

Porción: 4

Ingredientes:

- 4 tempeh
- Sal y pimienta negra al gusto
- ½ taza de pesto de albahaca, a base de aceite de oliva
- 1 taza de queso parmesano rallado
- 1 cucharada de mantequilla
- 4 nabos grandes, C de cuchilla, recortados

Direcciones:

1. Precaliente el horno a 350 F.
2. Sazona el tempeh con sal y pimienta negra y colócalo en una bandeja de horno. Repartir el pesto por encima y extenderlo bien sobre el tempeh.
3. Coloque la lámina en el horno y hornee de 45 minutos a 1 hora o hasta que esté bien cocido.
4. Cuando esté listo, saca la bandeja de horno y reparte la mitad del queso parmesano sobre el tempeh. Sigue cocinando durante 10 minutos o hasta que el queso se derrita. Retirar el tempeh y reservar para servir.
5. Derrita la mantequilla en una sartén mediana y saltee los nabos hasta que estén tiernos, de 5 a 7 minutos. Incorporar el resto del queso parmesano y repartir en los platos.

6. Cubrir con el tempeh y servir caliente.

Nutrición: Calorías:442, Grasas totales:29,4g, Grasas saturadas:11,3g, Carbohidratos totales:8g, Fibra dietética:1g, Azúcar:1g, Proteínas:39g, Sodio:814mg

RECETAS DE APERITIVOS

32. Panecillos Keto de Tahini

Tiempo de preparación: 10 minutos

Tiempo de cocción: 40 minutos

Porciones: 4

Ingredientes:

- 1/2 taza de semillas de lino molidas
- 1/2 taza de tahini
- 1/4 de taza de cáscaras de psilio
- 1 taza de agua
- 1 cucharadita de polvo de hornear
- pizca de sal
- semillas de sésamo para decorar

Direcciones:

1. Deje que su horno se precaliente a 375 grados F.
2. Bata la cáscara de psilio con la levadura en polvo, las semillas de lino y la sal en un bol.
3. Mezclar el tahini con el agua en un bol aparte hasta que esté bien combinado.
4. Añadir la mezcla de cáscaras para formar una masa. Amasar bien sobre la superficie de trabajo.
5. Haga hamburguesas de 4 pulgadas de diámetro con un grosor de ¼ de pulgada.
6. Colocar las hamburguesas preparadas en la bandeja de horno y rociarlas con semillas de sésamo.

7. Hornee las hamburguesas durante 40 minutos en el horno fijo hasta que se doren.
8. Disfruta de la frescura.

Nutrición: Calorías: 79 Cal Grasas: 4,3 g Carbohidratos: 7,1 g Proteínas: 2,6 g

33. Nidos de calabacín

Tiempo de preparación: 10 minutos

Tiempo de cocción: 10 minutos

Porciones: 4

Ingredientes:

- 3 calabacines grandes, espiralizados
- 1 cucharadita de sal marina
- 1/4 de cucharadita de ajo en polvo
- 1/4 de cucharadita de cebolla en polvo
- 1/8 cucharadita de pimienta negra molida
- 4 huevos grandes
- Aceite de coco, para engrasar

Direcciones:

1. Pasa el calabacín por el cortador de espiral para hacer sus finos fideos.
2. Poner los fideos en un colador y espolvorear con sal por encima y dejarlos durante 20 minutos.
3. Deja que tu horno se precaliente a 400 grados y engrasa un molde para muffins con aceite de coco.
4. Exprime toda el agua de los fideos presionándolos firmemente.
5. Mezclar la pimienta negra, la cebolla en polvo y el ajo en polvo en un bol grande.
6. Añada los fideos de calabacín y mézclelos bien para cubrirlos.
7. Repartir los fideos en los moldes para magdalenas y hacer un nido en el centro de cada uno de ellos.

8. Rompa un huevo en el centro de cada nido.

9. Salpimentar por encima.

10. Hornear durante 10 minutos hasta que esté hecho.

11. Sírvelo fresco.

Nutrición: Calorías: 155 Cal Grasas: 2,1 g Carbohidratos: 5,9 g Proteínas: 12,6 g

34. Bibimbap bajo en carbohidratos

Tiempo de preparación: 10 minutos

Tiempo de cocción: 10 minutos

Porciones: 4

Ingredientes:

- 1 cucharada de salsa de soja
- 2 cucharadas de vinagre de arroz
- 7 oz de tempeh, cortado en cuadrados
- 1 pimiento rojo pequeño, en tiras
- 4-6 ramilletes de brócoli, en lanzas finas
- 1 zanahoria rallada 1/2 pepino en tiras
- 10 onzas de coliflor cruda, triturada
- 2 cucharadas de pasta de chile
- 2 cucharadas de vinagre de arroz
- 1 cucharada de salsa de soja
- 1 cucharadita de aceite de sésamo
- edulcorante líquido concentrado al gusto
- 2 cucharadas de semillas de sésamo

Direcciones:

1. Bate la salsa de soja con el vinagre en un bol y luego echa los cuadrados de tempeh.
2. Déjalo reposar durante 1 minuto y mientras tanto corta las verduras en dados. Calienta el aceite en una sartén y saltea el tempeh en ella durante 4 minutos a fuego medio.
3. Pasa el tempeh a un plato y añade el brócoli, las zanahorias y los pimientos. Tapa la sartén y cocina

durante 2 minutos. Saltea el arroz de coliflor en una sartén aparte hasta que esté blando.

4. Mezclar la salsa de soja con la pasta de chile, el aceite y el edulcorante en un bol pequeño.

5. Mezcla el arroz de coliflor con el tempeh, los pimientos, el brócoli, la zanahoria y el pepino en una ensaladera.

6. Incorpore la mezcla de pasta de chile y mezcle bien para cubrirla. Adornar con semillas de sésamo.

7. Disfruta de la frescura.

Nutrición: Calorías: 164 Cal Grasa: 10,3 g Carbohidratos: 4 g Proteínas: 1,4 g

35. Bombas de zanahoria con nueces

Tiempo de preparación: 10 minutos

Tiempo de cocción: 45 minutos

Porciones: 6

Ingredientes:

- 1/2 taza de nueces crudas
- 3 zanahorias medianas, peladas y ralladas
- 2 dientes de ajo picados
- Sal y pimienta, al gusto
- 1 cucharada de queso crema
- 1 cucharada de crema de leche
- 1/2 taza de queso parmesano rallado

Direcciones:

1. Deje que su horno se precaliente a 350 grados F y ponga una capa de aceite en un molde para muffins. Ralle las zanahorias moliéndolas en un procesador de alimentos a alta velocidad. Añade las nueces y vuelve a moler para hacer una mezcla desmenuzable.

2. Incorpore el queso, el queso crema, la nata, la sal, el ajo y la pimienta negra. Vuelva a batir hasta que la mezcla sea homogénea. Hacer bolitas del tamaño de una pelota de golf con esta mezcla.

3. Coloque cada bola en los moldes para muffins y hornéelos durante 45 minutos hasta que estén dorados.

4. Deje que se enfríe durante 5 minutos aproximadamente y sírvalo fresco.

Nutrición: Calorías: 118 Cal Grasas: 18,3 g Carbohidratos: 9 g Proteínas: 5,1 g

36. Ensalada de calabacín con nueces

Tiempo de preparación: 10 minutos

Tiempo de cocción: 3 minutos

Raciones: 2

Ingredientes:

- 1/4 de taza de piñones
- 2 cucharadas de mantequilla
- 1 calabacín grande, cortado en juliana
- Sal al gusto
- 2 cucharadas de queso parmesano rallado

Direcciones:

1. Añade y derrite la mantequilla en una sartén grande a fuego medio y luego echa los piñones.
2. Remover y cocinar durante 3 minutos hasta que se dore.
3. Añade los calabacines y saltéalos durante unos segundos, luego añade sal para ajustar la sazón.
4. Adorne con parmesano y sirva fresco.

Nutrición: Calorías: 102 Cal Grasas: 17,3 g Carbohidratos: 6,1 g Proteínas: 1,2 g

37. Paté de col rizada para untar

Tiempo de preparación: 10 minutos

Tiempo de cocción: 7 minutos

Porciones: 6

Ingredientes:

- 6 tazas de col verde picada
- 1 cucharada de aceite de oliva
- ½ taza de semillas de sésamo orgánicas crudas
- ½ taza de aceite de oliva virgen extra
- 8 cebollas verdes, sólo las partes verdes
- 3 cucharadas de vinagre de sidra de manzana
- 1 ¼ cucharadita de sal marina gris

Direcciones:

1. Mezcla la col rizada con una cucharada de aceite de oliva y cocínala tapada durante 7 minutos en una sartén a fuego lento.
2. Pasar la col rizada a un procesador de alimentos junto con todos los ingredientes restantes.
3. Pulse para hacer una mezcla suave y luego transfiérala a un tarro de cristal.
4. Refrigerar y guardar durante 4 días.
5. Sírvelo con galletas bajas en carbohidratos.

Nutrición: Calorías: 61 Cal Grasas: 21,2 g Carbohidratos: 6 g Proteínas: 4,1 g

RECETAS DE SOPA Y GUISO

38. Guiso de verduras de raíz

Tiempo de preparación: 10 minutos

Tiempo de cocción: 8 horas y 10 minutos

Porciones: 6

Ingredientes:

- 2 tazas de col rizada picada
- 1 cebolla blanca grande, pelada y picada
- 1 libra de chirivías, peladas y picadas
- 1 libra de patatas, peladas y picadas
- 2 costillas de apio picadas
- 1 libra de calabaza, pelada, sin semillas y picada
- 1 libra de zanahorias, peladas y picadas
- 3 cucharaditas de ajo picado
- 1 libra de boniatos, pelados y picados
- 1 hoja de laurel
- 1 cucharadita de pimienta negra molida
- 1/2 cucharadita de sal marina
- 1 cucharada de salvia picada
- 3 tazas de caldo de verduras

Direcciones:

1. Enciende la olla de cocción lenta, añade todos los ingredientes en ella, excepto la col rizada, y remueve hasta que se mezclen.

2. Cerrar la olla con una tapa y cocinar durante 8 horas a fuego lento hasta que esté cocido.
3. Cuando esté hecho, añadir la col rizada al guiso, remover hasta que se mezcle y cocinar durante 10 minutos hasta que las hojas se hayan marchitado.
4. Servir directamente.

Nutrición: Calorías: 120 Cal Grasa: 1 g Carbohidratos: 28 g Proteína: 4 g Fibra: 6 g

39. Estofado de champiñones Portobello

Tiempo de preparación: 10 minutos

Tiempo de cocción: 8 horas

Porciones: 4

Ingredientes:

- 8 tazas de caldo de verduras
- 1 taza de hongos silvestres secos
- 1 taza de garbanzos secos
- 3 tazas de patata picada
- 2 tazas de zanahorias picadas
- 1 taza de granos de maíz
- 2 tazas de cebollas blancas picadas
- 1 cucharada de perejil picado
- 3 tazas de calabacín picado
- 1 cucharada de romero picado
- 1 1/2 cucharadita de pimienta negra molida
- 1 cucharadita de salvia seca
- 2/3 cucharadita de sal
- 1 cucharadita de orégano seco
- 3 cucharadas de salsa de soja
- 1 1/2 cucharaditas de humo líquido
- 8 onzas de pasta de tomate

Direcciones:

1. Encienda la olla de cocción lenta, agregue todos los ingredientes en ella y revuelva hasta que se mezclen.
2. Cerrar la olla con una tapa y cocinar durante 10 horas a fuego alto hasta que esté cocido.

3. Servir directamente.

Nutrición: Calorías: 447 Cal Grasas: 36 g Carbohidratos: 24 g Proteínas: 11 g Fibra: 2 g

40. Sopa de judías frescas

Tiempo de preparación: 5 minutos

Tiempo de cocción: 15 minutos

Porciones: 4

Ingredientes:

- 2 cucharadas de aceite de oliva
- 2 cebollas medianas, finamente picadas
- 2 tazas de agua
- 3 tazas de judías verdes frescas sin cáscara
- Sal y pimienta al gusto

Direcciones:

1. Calentar el aceite de oliva en una cacerola de fondo grueso a fuego medio. Cocinar las cebollas hasta que estén blandas y translúcidas, unos 3 minutos. Vierta el agua y las judías, y sazone al gusto con sal y pimienta. Suba el fuego a medio-alto, llévelo a ebullición, luego reduzca el fuego a bajo, tape y cocine a fuego lento hasta que los guisantes estén tiernos, de 12 a 18 minutos.

2. Hacer un puré con los guisantes en una batidora o procesador de alimentos por tandas. Sazone al gusto con sal y pimienta antes de servir.

Nutrición: Calorías 111, Grasas totales 7,2g, Grasas saturadas 1g, Colesterol 0mg, Sodio 8mg, Carbohidratos totales 10,4g, Fibra dietética 3g, Azúcares totales 4,4g, Proteínas 2,6g, Calcio 25mg, Hierro 1mg, Potasio 170mg, Fósforo 104mg

41. Sopa de macarrones

Tiempo de preparación: 15 minutos

Tiempo de cocción: 55 minutos

Porciones: 4

Ingredientes:

- 2 cucharadas de aceite de oliva
- 2 dientes de ajo grandes, picados
- 1 cebolla grande finamente picada
- 1 taza de agua
- 1/4 de cucharadita de condimento italiano 1 cucharada de perejil fresco picado
- 1/4 de cucharadita de ajo en polvo
- Pimienta negra al gusto
- 1 taza de macarrones

Direcciones:

1. Calentar el aceite de oliva en una olla a fuego medio-bajo. Añada el ajo picado y la cebolla; cocine y remueva hasta que estén blandos, unos 5 minutos. Suba el fuego a medio y añada el agua, el condimento italiano, el perejil, el ajo en polvo y la pimienta. Lleve a cabo una cocción a fuego lento. Cocer durante 40 minutos con la tapa ligeramente entreabierta.

2. Incorporar los macarrones a la sopa; cocinar a fuego fuerte hasta que los macarrones estén tiernos, unos 12 minutos.

Nutrición: Calorías 116, Grasas totales 5,1g, Grasas saturadas 0,7g, Colesterol 0mg, Sodio 4mg, Carbohidratos totales 14,7g, Fibra dietética 1,7g, Azúcares totales 1,9g, Proteínas 3,2g, Calcio 13mg, Hierro 1mg, Potasio 100mg, Fósforo 105 mg

42. Sopa de zanahoria, coliflor y col

Tiempo de preparación: 30 minutos

Tiempo de cocción: 20 minutos

Porciones: 4

Ingredientes:

- 4 zanahorias grandes, cortadas en rodajas finas
- 1 taza de coliflor, cortada en rodajas finas
- 1 cebolla grande, cortada en rodajas finas
- 1/4 de cabeza de col verde mediana, cortada en rodajas finas
- 2 dientes de ajo machacados
- 6 tazas de agua
- 1 cucharada de aceite de oliva
- 1/4 de cucharadita de tomillo seco
- 1/4 de cucharadita de albahaca seca
- 1 cucharadita de perejil seco
- 1/8 cucharadita de sal
- Pimienta negra molida al gusto

Direcciones:

1. Combinar las zanahorias, la coliflor, la cebolla, la col, el ajo, el agua, el aceite de oliva, el tomillo, la albahaca, el perejil, la sal y la pimienta en una olla a fuego medio-alto; llevar a ebullición y cocinar hasta que las zanahorias estén tiernas durante unos 20 minutos. Pasar a una batidora en pequeñas tandas y batir hasta que esté suave.

Nutrición: Calorías 57, Grasas totales 2,4g, Grasas saturadas 0,3g, Colesterol 0mg, Sodio 98mg, Carbohidratos totales 8,5g, Fibra dietética 2,3g, Azúcares totales 4g, Proteínas 1,1g, Calcio 37mg, Hierro 0mg, Potasio 249mg, Fósforo 150 mg

RECETAS DE ENSALADA

43. Ensalada César

Tiempo de preparación: 10 minutos

Tiempo de cocción: 0 minutos

Raciones:1

Ingredientes

Para la ensalada César

- 2 tazas de lechuga romana picada
- 2 cucharadas de aderezo César
- 1 porción de picatostes con hierbas o picatostes comprados en la tienda
- Queso vegano rallado (opcional)
- Hazlo una comida
- ½ taza de pasta cocida
- ½ taza de garbanzos enlatados, escurridos y enjuagados
- 2 cucharadas adicionales de aderezo César

Direcciones

1. Para hacer la ensalada César. En un tazón grande, mezcle la lechuga, el aderezo, los crutones y el queso (si lo usa).
2. Para convertirlo en una comida. Añade la pasta, los garbanzos y el aderezo adicional. Mezcle para cubrir.

Nutrición: (en una comida) Calorías: 415; Proteínas: 19g; Grasas totales: 8g; Grasas saturadas: 1g; Carbohidratos: 72g; Fibra: 13g

44. Ensalada de patata clásica

Tiempo de preparación: 10 minutos

Tiempo de cocción: 15 minutos

Raciones:4

Ingredientes

- 6 patatas, lavadas o peladas y troceadas
- Pizca de sal
- ½ taza de aderezo de tahini cremoso o mayonesa vegana
- 1 cucharadita de eneldo seco (opcional)
- 1 cucharadita de mostaza de Dijon (opcional)
- 4 tallos de apio picados
- 2 cebolletas, sólo las partes blancas y verde claro, picadas

Direcciones

1. Poner las patatas en una olla grande, añadir la sal y verter suficiente agua para cubrirlas. Llevar el agua a ebullición a fuego alto. Cocer las patatas de 15 a 20 minutos, hasta que estén blandas. Escurrirlas y dejarlas enfriar. (También puede poner las patatas en un plato grande apto para microondas con un poco de agua. Tapar y calentar a alta potencia durante 10 minutos).

2. En un tazón grande, bata el aderezo, el eneldo (si lo usa) y la mostaza (si la usa). Mezcle el apio y las cebolletas con el aderezo. Añada las patatas cocidas y enfriadas y mézclelas. Guarde las sobras en un recipiente hermético en el refrigerador hasta por 1 semana.

Nutrición: Calorías: 269; Proteínas: 6g; Grasas totales: 5g; Grasas saturadas: 1g; Carbohidratos: 51g; Fibra: 6g

45. Ensalada mediterránea de orzo y garbanzos

Tiempo de preparación: 15 minutos

Tiempo de cocción: 8 minutos

Raciones:4

Ingredientes

- ¼ de taza de aceite de oliva
- 2 cucharadas de zumo de limón recién exprimido
- Pizca de sal
- 1½ tazas de garbanzos enlatados, escurridos y enjuagados
- 2 tazas de orzo u otra forma de pasta pequeña, cocida según las instrucciones del paquete, escurrida y enjuagada con agua fría para que se enfríe
- 2 tazas de espinacas crudas, finamente picadas
- 1 taza de pepino picado
- ¼ de cebolla roja, finamente picada

Direcciones

1. En un bol grande, bata el aceite de oliva, el zumo de limón y la sal. Añade los garbanzos y el orzo cocido, y remueve para cubrirlos.
2. Incorporar las espinacas, el pepino y la cebolla roja. Guarde las sobras en un recipiente hermético en la nevera hasta 5 días.

Nutrición: Calorías: 233; Proteínas: 6g; Grasas totales: 15g; Grasas saturadas: 2g; Carbohidratos: 20g; Fibra: 5g

46. Ensalada de anacardos Siam

Tiempo de preparación: 10 minutos

Tiempo de cocción: 3 minutos

Porciones: 4

Ingredientes:

Ensalada:

- 4 tazas de espinacas baby, enjuagadas y escurridas
- ½ taza de col roja encurtida

Vestirse:

- Un trozo de jengibre de 2,5 cm, picado finamente
- 1 cucharadita de pasta de ajo y chile
- 1 cucharada de salsa de soja
- ½ cucharada de vinagre de arroz
- 1 cucharada de aceite de sésamo
- 3 cucharadas de aceite de aguacate

Coberturas:

- ½ taza de anacardos crudos, sin sal
- ¼ de taza de cilantro fresco, picado

Direcciones:

1. Poner las espinacas y la lombarda en un bol grande. Mezclar para combinar y dejar la ensalada a un lado.
2. Tostar los anacardos en una sartén a fuego medio-alto, removiendo de vez en cuando hasta que se doren. Esto debería llevar unos 3 minutos. Apagar el fuego y apartar la sartén.

3. Mezclar todos los ingredientes del aliño en un bol mediano y utilizar una cuchara para mezclarlos hasta conseguir un aliño suave.

4. Vierta el aderezo sobre la ensalada de espinacas y cubra con los anacardos tostados.

5. Mezcle la ensalada para combinar todos los ingredientes y transfiera el bol grande a la nevera. Deje que la ensalada se enfríe durante un máximo de una hora, lo que garantizará un mejor sabor. Como alternativa, la ensalada se puede servir de inmediato, cubierta con el cilantro opcional. Que aproveche!

Nutrición: Calorías 160 Grasas totales 12,9g Grasas saturadas 2,4g Colesterol 0mg Sodio 265mg Carbohidratos totales 9,1g Fibra dietética 2,1g Azúcares totales 1,4g Proteínas 4,1g Vitamina D 0mcg Calcio 45mg Hierro 2mg Potasio 344mg

47. Ensalada de pepino y edamame

Tiempo de preparación: 5 minutos

Tiempo de cocción: 8 minutos

Raciones: 2

Ingredientes:

- 3 cucharadas de aceite de aguacate
- 1 taza de pepino, cortado en rodajas finas
- ½ taza de guisantes frescos, en rodajas o enteros
- ½ taza de edamame fresco
- ¼ de taza de rábano, en rodajas
- 1 aguacate Hass grande, pelado, sin hueso, en rodajas
- 1 hoja de nori, desmenuzada
- 2 cucharaditas de semillas de sésamo tostadas
- 1 cucharadita de sal

Direcciones:

1. Poner a hervir a fuego medio-alto una olla mediana llena de agua hasta la mitad.
2. Añada los brotes de azúcar y cocínelos durante unos 2 minutos.
3. Retirar la olla del fuego, escurrir el exceso de agua, transferir los brotes de azúcar a un bol mediano y reservar por ahora.
4. Llenar la olla con agua de nuevo, añadir la cucharadita de sal y llevar a ebullición a fuego medio-alto.
5. Añade el edamame a la olla y deja que se cocine durante unos 6 minutos.

6. Retirar la olla del fuego, escurrir el exceso de agua, transferir los granos de soja al bol con los broches de azúcar y dejar que se enfríen durante unos 5 minutos.
7. Combine todos los ingredientes, excepto las migas de nori y las semillas de sésamo tostadas, en un bol mediano.
8. Remover con cuidado, usando una cuchara, hasta que todos los ingredientes estén uniformemente cubiertos de aceite.
9. Cubra la ensalada con las migas de nori y las semillas de sésamo tostadas.
10. Transfiera el bol a la nevera y deje que la ensalada se enfríe durante al menos 30 minutos.
11. Sírvelo frío y disfrútalo.

Nutrición: Calorías 182 Grasas totales 10,9g Grasas saturadas 1,3g Colesterol 0mg Sodio 1182mg Carbohidratos totales 14,2g Fibra dietética 5,4g Azúcares totales 1,9g Proteínas 10,7g Vitamina D 0mcg, Calcio 181mg Hierro 4mg Potasio 619mg

RECETAS DE POSTRES

48. Tarta de queso de menta

Tiempo de preparación: 30 minutos

Tiempo de cocción: 0 minutos

Tiempo de cocción: unas 4 horas

Porción: 12 rebanadas

Ingredientes

La corteza:

- 2 tazas de semillas de girasol o harina de almendras
- 1/3 de taza de cacao en polvo sin azúcar
- 4 cucharadas de mantequilla ablandada
- ¼ de cucharadita de sal
- ¼ de taza de edulcorante Swerve

Relleno:

- 16 onzas de queso crema, a temperatura ambiente
- 1 cucharadita de stevia líquida de menta
- 1 cucharadita de extracto de menta
- ¼ de cucharadita de sal
- 1 taza de crema de leche

La cobertura:

- ½ taza de crema de leche
- ½ cucharadita de stevia líquida de menta
- ¼ de cucharadita de extracto de menta

Direcciones

La corteza:

1. En el tazón de un procesador de alimentos, agregue todos los ingredientes para la corteza y procese hasta que la mezcla tenga una consistencia de migas finas.

2. Vierta las migas en un molde para tartas de 9 pulgadas. Presiona firmemente las migas en el fondo y en los lados del molde.

Relleno:

1. Coloque un bol de cristal grande y las cuchillas de una batidora manual en el congelador durante 5 minutos.

2. Mientras tanto, añada todos los ingredientes del relleno, excepto la nata espesa, en una batidora de pie y bata a velocidad alta hasta que esté suave. Pruebe y añada más stevia si es necesario.

3. Saque el bol del congelador. Vierta la crema espesa en el bol frío.

4. Montar la nata a velocidad media-baja hasta que espese ligeramente, aproximadamente 1 minuto.

5. Aumente la velocidad a alta y bata hasta que se formen picos duros, de 1 a 2 minutos. La nata se monta rápidamente y, si se monta en exceso, se cuaja y pierde su textura sedosa.

6. Incorporar esta nata montada al relleno de queso crema.

7. Colocar el relleno con una cuchara en la corteza de la tarta.

La cobertura:

1. Añade la nata espesa, la stevia líquida de menta y el extracto de menta en la batidora. Bata a velocidad alta hasta que se bata. Extienda por encima de la tarta de queso.
2. Refrigerar la tarta durante 3-4 horas o toda la noche.
3. Cortar y servir.

Nutrición: Por porción (1 rebanada) Calorías: 344 Grasas totales: 33,4g | Carbohidratos: 5,1g Fibra: 1,7g Proteínas: 5,3g

49. Cuajada de limón

Tiempo de preparación: 5 minutos

Tiempo de cocción: 5-7 minutos

Tiempo de cocción: unas 2 horas

Rendimiento: 8 raciones

Ingredientes

- 2 huevos + 2 yemas
- ½ taza de zumo de limón
- 2 cucharaditas de ralladura de limón
- ½ taza de edulcorante granulado de fruta de Monk (o el edulcorante granulado que prefiera)
- 1/8 cucharadita de sal
- 6 cucharadas de mantequilla, fría y cortada en cubos

Direcciones

1. En un tazón pequeño, bata los huevos y las yemas de huevo y déjelos aparte.
2. En una cacerola pesada a fuego lento, bata el edulcorante, la sal, la ralladura de limón y el zumo de limón hasta que se mezclen.
3. Bata constantemente los huevos y cocine a fuego bajo-medio durante 5-7 minutos hasta que la mezcla espese. También puede utilizar un termómetro de caramelo para medir la temperatura, que debe estar entre 170 y 175 °F. (Recuerde batir sin parar; de lo contrario, los huevos pueden revolverse rápidamente).

4. Retirar del fuego e incorporar la mantequilla hasta que se haya derretido toda y la cuajada esté suave.

5. Coloca un colador de malla sobre un bol y pasa la cuajada por él. Esto hace que la cuajada quede suave como la seda.

6. Pasar la cuajada de limón a un recipiente hermético. Coloque un trozo de papel de plástico directamente sobre la superficie de la cuajada (esto evita que se forme una piel) y deje que se enfríe.

7. Pasar a la nevera hasta que se enfríe, al menos 2 horas.

8. Sirve y disfruta.

9. La cuajada de limón se puede conservar en el frigorífico hasta 1 semana.

Nutrición: Por ración (2 cucharadas de lemon curd) Calorías: 78 Grasas totales: 7g Hidratos de carbono: 0,6g Fibra: 0,1g Proteínas: 1,8g

50. Dulce de chocolate con nueces

Tiempo de preparación: 10 minutos

Tiempo de cocción: 15 minutos + Tiempo de enfriamiento: 1 hora

Porción: 12 rebanadas

Ingredientes

- 1 taza de nata para montar
- 2 cucharadas de mantequilla
- 1/3 de taza de eritritol
- 1 cucharadita de extracto de vainilla
- 1 taza de chispas de chocolate bajas en carbohidratos
- ¼ de taza de nueces picadas

Direcciones

1. Poner una sartén mediana a fuego medio y añadir la nata para montar, el eritritol, la mantequilla y el extracto de vainilla.
2. Cocine, revolviendo a menudo, unos 15 minutos, hasta que se forme una leche condensada azucarada ligeramente dorada y espesa.
3. Retirar del fuego y dejar enfriar durante 15 minutos.
4. Añade las pepitas de chocolate y remueve hasta que se derritan.
5. Vierta la mezcla en un molde para pan forrado con pergamino. Espolvorear las nueces de manera uniforme en la parte superior.
6. Refrigerar durante al menos 1 hora.
7. Cortar en 12 rebanadas y servir.

Nutrición: Por ración (1 pieza) Calorías: 154,7 Grasas totales: 15,05g Hidratos de carbono: 12,92g Fibra: 2,6g Proteínas: 1,87g

51. Muffins de chocolate

Tiempo de preparación: 5 minutos

Tiempo de cocción: 25 minutos

Rendimiento: 12 panecillos

Ingredientes

- 2½ tazas de harina de almendra blanqueada y finamente molida
- ½ taza de eritritol
- 1½ cucharaditas de polvo de hornear
- ¼ de cucharadita de sal marina finamente molida
- 1/3 de taza de leche (no láctea o normal)
- 3 huevos grandes
- 1/3 de taza de aceite de coco derretido
- ½ cucharadita de extracto de vainilla
- ½ taza de chispas de chocolate endulzado con stevia, divididas

Direcciones

1. Precalienta el horno a 350°F y forra un molde para muffins de 12 unidades con forros.
2. En un bol grande, combinar la harina de almendras, el eritritol, la levadura en polvo y la sal; mezclar bien.
3. En un recipiente aparte, bata los huevos, el aceite de coco derretido, la leche y la vainilla hasta que se combinen. Una vez combinados, pásalos a la mezcla de harina y remueve hasta que se incorporen.
4. Incorpore suavemente la mayor parte de las chispas de chocolate a la masa, dejando un puñado para después.

5. Dividir la masa entre las 12 magdalenas.

6. Cubra cada muffin con un par de chispas de chocolate antes de transferir el molde para muffins al horno precalentado. Hornea a 350°F durante 20-25 minutos o hasta que un palillo salga limpio.

7. Cuando esté hecho, saca el molde del horno y retira con cuidado las magdalenas del molde.

8. Dejar enfriar hasta que apenas esté caliente.

9. Que lo disfrutes.

Nutrición: Por ración (1 magdalena) Calorías: 179 Grasas totales: 14g Hidratos de carbono: 6,5g Fibra: 3g Proteínas: 6,2g Azúcares: 0,2g

52. Bombas de grasa con nueces y moras

Tiempo de preparación: 10 minutos

Tiempo de cocción: 7 minutos

Tiempo de congelación: de 30 minutos a 1 hora

Servir: 12

Ingredientes

- 4 oz. de queso Neufchatel (crema de queso)
- 1 taza de aceite de coco
- 2 oz. de nueces de macadamia, trituradas
- 1 taza de moras
- 1 taza de mantequilla de coco
- 3 cucharadas de queso mascarpone
- stevia al gusto
- ½ cucharadita de extracto de vainilla
- ½ cucharadita de zumo de limón

Direcciones

1. Triturar las nueces de macadamia y presionar en el fondo de un molde o fuente de horno.
2. Hornear a 325°F de 5 a 7 minutos o hasta que se dore.
3. Retíralo del horno y deja que se enfríe un poco.
4. Extiende una capa de queso crema ablandado sobre la corteza de nueces.
5. Mezclar en un bol el aceite de coco, las moras, el zumo de limón, la vainilla, el queso mascarpone, la mantequilla de coco y el edulcorante (opcional) hasta que quede una mezcla homogénea.

6. Vierta la mezcla sobre la capa de queso crema y congele de 30 a 60 minutos.

7. Retirar y guardar en la nevera.

Nutrición: Por ración (1 bomba de grasa) Calorías: 392 Grasas totales: 50g Hidratos de carbono: 2g Fibra: 1g Proteínas: 4g

CONCLUSIÓN

Una dieta ceto vegetariana tiene varias ventajas para la salud. Entre ellas, no sólo la pérdida de peso, sino también una mejor salud, un menor riesgo de cáncer y enfermedades cardíacas y un aumento de los niveles de energía. La pérdida de peso se debe a la reducción de los productos animales y al aumento del consumo de verduras y frutas. Las verduras aportan más vitaminas A, C y E; los cereales integrales, como la quinoa, ofrecen fibra; y las frutas proporcionan antioxidantes que se encuentran en altos niveles en los aguacates, que también forman parte de la dieta vegana.

Los beneficios de hacerse vegetariano Los mayores aspectos positivos de pasarse a una dieta vegetariana son su salud. Mientras que seguir la dieta ceto vegetariana puede ayudarte a perder peso rápidamente, también te protegerá de las enfermedades y ralentizará el proceso de envejecimiento.

Si no estás seguro de hacerte vegetariano, céntrate primero en hacerte vegano. Esto significa no comer nunca carne ni productos lácteos. Para empezar, elige alimentos integrales, como frutos secos y semillas de alta calidad, frutas y verduras, en lugar de productos alimenticios procesados como panes y pastas envasadas.

El siguiente paso es suprimir cualquier alimento que contenga leche o queso, así como los huevos si los comes (aunque puedes seguir disfrutando de algunos de estos alimentos si no contienen lácteos). Si no estás seguro de algún alimento, lee las etiquetas y consulta a tu médico.

Cuando lleves un tiempo siendo vegetariano, cambia tu enfoque a una dieta ceto vegetariana. Esto significa comer sólo alimentos de origen vegetal: las proteínas como la soja, el seitán, las setas y el tempeh proceden de los vegetales; los aceites como el de oliva y el de coco proceden de los frutos secos; la fruta contiene fibra (que todo el mundo necesita); y todos los carbohidratos -incluso los vegetales ricos en fibra- deben proceder de frutas y verduras.

La proteína que consumes va a ser una parte crítica de tu dieta ceto vegetariana. Esto se debe a que todos los alimentos vegetales proporcionan un aminoácido llamado triptófano. El triptófano sólo se puede convertir en otra forma de proteína -llamada proteínas estructurales- en tu cuerpo, y estas moléculas de proteína son las que forman el tejido muscular.

Hay dos fuentes principales para este tipo de proteínas: los productos animales y las legumbres (frijoles). También hay suplementos en polvo disponibles para los vegetarianos que contienen proteínas de soja, trigo o guisantes, así como diversos nutrientes, como las vitaminas B12 y B6.

Si comes aceites, puedes mantener tu dieta ceto vegetariana saludable.

Son susceptibles de oxidarse porque son líquidos a temperatura ambiente. Cuando esto sucede, los aceites pueden volverse dañinos y desencadenar una inflamación en todo el cuerpo.

Para evitar este problema, utilice aceites prensados en frío que no contengan productos químicos. El prensado en frío extrae el aceite de las semillas sin calentarlas. El producto final es un aceite más denso desde el punto de vista nutricional, con menos grasas poliinsaturadas y más grasas saturadas que la mayoría de los aceites vegetales comerciales, como el de soja o el de maíz.

La vitamina E, que ayuda al organismo a combatir los radicales libres y los contaminantes ambientales, abunda en los aceites prensados en frío, al igual que los ácidos grasos omega-3 (tanto los omega-3 como los omega-6), que contribuyen a la reparación de todas las células del organismo.

También debes comer muchas verduras mientras sigues una dieta ceto vegetariana. Las verduras contienen nutrientes importantes de los que es difícil obtener lo suficiente comiendo sólo frutas y granos. También tienen un alto contenido en fibra, que es beneficiosa para tu sistema digestivo y tu salud en general.

Lightning Source UK Ltd.
Milton Keynes UK
UKHW022328230921
391102UK00002B/300